O LIVRO DE CINCO ANÉIS

O LIVRO DE CINCO ANÉIS

O GUIA CLÁSSICO DE ESTRATÉGIA
JAPONESA PARA OS NEGÓCIOS

MIYAMOTO MUSASHI

PREFÁCIO
Waldez Ludwig

TRADUÇÃO
Fernando Barcellos Ximenes

EDITORA
NOVA
FRONTEIRA

Título original: *Go Rin No Sho*

Direitos de edição da obra em língua portuguesa no Brasil adquiridos pela Editora Nova Fronteira Participações S.A. Todos os direitos reservados. Nenhuma parte desta obra pode ser apropriada e estocada em sistema de banco de dados ou processo similar, em qualquer forma ou meio, seja eletrônico, de fotocópia, gravação etc., sem a permissão do detentor do copirraite.

EDITORA NOVA FRONTEIRA PARTICIPAÇÕES S.A.
Rua Candelária, 60 — 7.º andar — Centro — 20091-020
Rio de Janeiro — RJ — Brasil
Tel.: (21) 3882-8200

Imagem de capa: *Samurai olhando através de buraco na parede*. S/a, circa 1832, Rijksmuseum, Amsterdã.

Dados Internacionais de Catalogação na Publicação (CIP)

M985l . Musashi, Miyamoto
    O Livro de Cinco Anéis: O guia clássico de estratégia japonesa para os negócios/ Miyamoto Musashi; traduzido por Fernando Barcellos Ximenes; prefácio de Waldez Ludwig. – [Edição especial]. – Rio de Janeiro: Nova Fronteira, 2022.
    120 p.; 12,5 x 18 cm (Clássicos para Todos)

    Título original: *Go Rin No Sho*
    ISBN: 978-65-5640-577-3

    1. Estratégia japonesa. I. Ximenes, Fernando Barcellos. II. Título.

                                                             CDD: 658
                                                            CDU: 658

André Queiroz – CRB-4/2242

CONHEÇA OUTROS
LIVROS DA EDITORA:

Sumário

Prefácio 9

Apresentação 13
   O Japão à época de Musashi................................... 13
   Kendo 17
   Kendo e Zen 19
   Um pouco da vida de Miyamoto Musashi 20

O Livro de Cinco Anéis — Go Rin No Sho 31

Introdução 33

O Livro da Terra 35
   O caminho da estratégia... 36
   Comparação do caminho do carpinteiro
      com a estratégia 37
   O caminho da estratégia... 39
   Esboço dos cinco livros deste livro de estratégia.... 40
   O nome de Ichi Ryu Ni To
      (uma escola — duas espadas) 42
   A vantagem dos dois caracteres que
      significam "estratégia"... 44
   As vantagens das armas na estratégia 44
   A noção de tempo na estratégia.............................. 46

O Livro da Água 49
  A influência espiritual na estratégia 49
  A postura do corpo na estratégia 50
  O olhar na estratégia 51
  Como segurar a espada longa 52
  Trabalho dos pés 52
  As cinco atitudes 53
  O caminho da espada longa 53
  Os cinco enfoques 54
  O ensino da "atitude sem atitude" 56
  Atingir o inimigo "num só tempo" 57
  A sincronização dupla do abdômen 58
  Nenhum esquema, nenhuma ideia 58
  O golpe da água corrente 58
  Golpe contínuo 59
  O golpe de fogo e pedras 59
  O golpe das folhas vermelhas 59
  O corpo em lugar da espada longa 60
  Golpear e talhar 60
  Corpo de macaco chinês 61
  Corpo de cola e laca 61
  Lutar pela altura 61
  A sensação de grudar 62
  O ataque com o corpo 62
  Três maneiras de bloquear um ataque 63
  Apunhalar o rosto 63
  Apunhalar o coração 64
  Revidar "Tut-TUT!" 64
  O bloqueio de choque 64
  Há muitos inimigos 65
  A vantagem na hora da luta 66

Um golpe 66
Comunicação direta 66

O Livro do Fogo 69
Dependendo do lugar 70
Três métodos para surpreender o inimigo 71
   O Primeiro — Ken No Sem 71
   O Segundo — Tai No Sem 72
   O Terceiro — Tai Tai No Sem 72
Prender a almofada 73
Cruzar o riacho 74
Conhecer o momento 75
Pisar na espada 75
Conhecer o "desabamento" 76
Tornar-se o inimigo 77
Soltar quatro mãos 77
Movimentar a sombra 78
Prender a sombra 78
Passar 79
Provocar a perda de equilíbrio 80
Amedrontar 80
Absorver-se 81
Atacar os cantos 81
Lançar confusão 82
Os três gritos 82
Misturar-se 83
Esmagar 83
A passagem de montanha a mar 84
Penetrar as profundezas 84
Renovar 85
Cabeça de rato, pescoço de boi 86

O comandante conhece os soldados 86
Soltar a espada 86
O corpo da pedra 87

O Livro do Vento 89
Outras escolas que usam a espada extralonga 90
O espírito forte da espada longa em outras escolas 91
O uso da espada longa mais curta em outras escolas ... 92
Outras escolas com muitos métodos de uso
  da espada longa 93
O uso das atitudes da espada longa
  em outras escolas 94
Fixação do olhar nas outras escolas 95
O uso dos pés nas outras escolas 96
A velocidade em outras escolas 98
"Interior" e "superfície" nas outras escolas 99

O Livro do Nada 101

Notas 103

Sobre o autor 115

Prefácio

Você lerá um guia para a competição e creio que lhe será extremamente útil, já que vivemos tempos de super-hiper-competitividade nos negócios, na vida profissional e, infelizmente, às vezes, na vida pessoal. Portanto, aproveite!

Como esta, as obras que tratam da essência imutável do ser humano tornam-se clássicos, e o tempo, que é implacável com as trivialidades, não as deteriora; ao contrário, as fortalece. Quanto mais a arte submerge nos intrincados e encantadores fundamentos da nossa alma, menos datada ela será e, a cada leitura, de cada leitor, tornar-se-á mais moderna. O *Livro de Cinco Anéis* é uma obra contemporânea e muito bem poderia ter sido criada hoje pela manhã, por você.

Passaram-se quatrocentos anos desde que Musashi recolheu-se para escrevê-lo, e a humanidade transformou-se muito desde lá, para ficar, essencialmente, como sempre foi. Mudaram o regime de poder, as relações comerciais, as motivações para a guerra — as próprias guerras agora são outras —, mas o nosso instinto de sobrevivência pessoal ou empresarial, desde então, não se alterou.

A competitividade não é privilégio ou ameaça deste nosso tempo digital e mundializado. Ser competitivo sempre foi a condição primordial para a sobrevivência humana, desde as mais remotas eras. Se no princípio o adversário era a própria natureza implacável, logo transformou-se na figura humana, e o maior inimigo do homem passou a ser o seu semelhante. Socializados, passamos a nos confrontar em grupos, nações e países, e agora globalizados e interconectados, a luta é corporativa.

Por certo evoluímos, e o interesse na destruição dos outros é eticamente incorreto, mas o desejo de ser sempre melhor e suplantar os concorrentes pela qualidade permanece, seja no esporte, seja nos negócios.

Duas palavras são recorrentes no brilhante texto dos *Cinco Anéis*: estratégia e aprendizado. Justo e não por acaso, as duas palavras mais significativas da chamada nova economia, agora baseada no conhecimento de si e dos competidores, uma economia baseada nas ideias, nas marcas, na criatividade, na inovação e no senso da urgência acelerada pelos negócios turbinados à velocidade da luz.

A estratégia não mudou: é o que fazer e, principalmente, por que fazer. É a definição da razão da sua existência ou do seu empreendimento e a motivação que o leva a tal fim. Estratégia é a percepção do ambiente e a decisão de qual será o melhor método para executar a sua missão. Não se confunde com a tática e muito menos com os aspectos operacionais. Estratégia decide-se à mesa, na mente. Tática treina-se na simulação, e a ação ocorre no campo de batalha.

Lendo *O Livro de Cinco Anéis* aprende-se ou revela-se a lição fundamental de que os inimigos mais perigosos somos nós mesmos. Se há um concorrente conspirando contra nossa empresa, este concorrente é o nosso próprio jeito de ser, nossa cultura empresarial, nossos valores e nossa maneira velha de pensar e agir. Este é o verdadeiro inimigo a ser batido. Cortar a arrogância, a ambição, a ignorância, o individualismo, enfim, suplantar as nossas fraquezas.

O livro trata de cinco anéis, que na verdade são cinco ciclos, cinco livros, interligados e que significam as cinco dimensões da estratégia competitiva. Terra é você, sua empresa, seus processos e sua maneira de administrar. Água são os métodos, os caminhos para se chegar lá. Fogo é a batalha, o embate, o dia a dia, a luta. Vento são as melhores práticas, a comparação, o "benchmarking". Por fim, o Nada que é a sua real vantagem competitiva, aquilo que não existe sequer nas intenções do competidor. São os novos produtos e serviços que ainda não existem e que serão inventados. Há mais por fazer do que até aqui foi feito.

Se você for um esgrimista, leia este livro nas próprias linhas, se não, leia-o nas entrelinhas, como metáfora.

Waldez Luiz Ludwig
Junho de 2000

Apresentação

O Japão à época de Musashi

Miyamoto Musashi nasceu em 1584, enquanto o Japão ainda lutava para se recuperar de mais de quatro séculos de comoções internas. O governo tradicional dos imperadores havia sido derrubado no século XII e, embora os novos imperadores continuassem sendo símbolos do próprio Japão, seu poder era quase nenhum. Desde aquela época, o Japão vinha sendo palco de uma guerra civil ininterrupta entre os senhores provinciais, monges guerreiros e salteadores, uns combatendo os outros em busca de mais terra e poder. Nos séculos XV e XVI, os senhores provinciais, chamados de daimyo, fizeram construir imensos castelos para se protegerem e às suas terras, e logo começaram a surgir em sua volta as primeiras cidades. Naturalmente, essas guerras restringiram o crescimento do comércio e empobreceram todo o país.

Entretanto, em 1573, um homem chamado Oda Nobunaga assumiu a dianteira e tomou as rédeas do país. Ele se tornou o Shogun, ou ditador militar, e por nove anos conseguiu trazer para seu domínio quase todo o Japão. Quando Nobunaga foi assassinado, em 1582, um plebeu ascendeu ao governo. Toyotomi Hideyoshi prosseguiu o trabalho de unificação do país iniciado por Nobunaga, reprimindo impiedosamente todas as ameaças de insurreição. Ele fez reviver a velha separação entre os guerreiros — ou samurais — e os plebeus, impondo barreiras ao uso de espadas. A "caça às espadas de Hideyoshi", como passou a ser conhecida, implicou que apenas os samurais tinham permissão para usar duas espadas: a espada curta, que todos poderiam usar, e a espada longa, que distinguia os samurais do restante da população.

Embora Hideyoshi tenha feito muito para pacificar o Japão e aumentar o comércio com outros países, quando de sua morte, em 1598, as lutas internas ainda não haviam sido eliminadas de todo. O verdadeiro isolamento e a unificação do Japão começaram com o grande Tokugawa Ieyasu, antigo companheiro tanto de Hideyoshi quanto de Nobunaga. Em 1603, Tokugawa tornou-se formalmente o Shogun do Japão, depois de derrotar Hideyori, filho de Hideyoshi, na batalha de Seki ga Hara.

Tokugawa estabeleceu seu governo em Edo, onde hoje é Tóquio, local onde era dono de um imenso castelo. Seu período de governo foi estável e pacífico, dando início a uma era da história japonesa que se prolongou até a restauração imperial de 1868, pois embora Ieyasu tivesse falecido em 1616, os membros de sua família se sucederam no comando da nação e o título de Shogun se tornou praticamente hereditário para os Tokugawas.

Ieyasu estava determinado a assegurar a permanência de sua ditadura pessoal e da ditadura de sua família. Para isso, concedeu ao imperador, residente em Kyoto, o mesmo status de mandatário supremo, de valor apenas honorífico, sem quase nenhuma participação nos assuntos de governo. A única ameaça concreta à posição de Ieyasu só poderia partir dos senhores, e o Shogun limitou eficazmente as oportunidades de revolta senhorial estipulando, por meio de um esquema de leis, que todos os senhores teriam de viver em Edo ano sim, ano não e impondo grandes restrições às viagens. As doações de terra eram feitas em troca de votos de lealdade. Vários castelos provinciais nos arredores de Edo foram entregues a membros de sua família. Sob suas ordens, funcionava uma rede secreta de policiais e assassinos.

O período de Tokugawa marca uma transformação radical na história da sociedade japonesa. A burocracia dos Tokugawas se ramificou por todos os setores. A educação, o direito, o governo e as classes sociais eram controlados por ela, e sua influência chegava até a regulamentação dos costumes e do comportamento de cada classe. A consciência de classe, que é uma característica tradicional dos japoneses, se consolidou ainda mais, formando uma rígida estrutura. Assim, as pessoas se dividiam, essencialmente, em quatro classes sociais: samurais, agricultores, artesãos e comerciantes. Os samurais eram a classe mais elevada — se não em riqueza pelo menos em prestígio —, e dela faziam parte os senhores, os membros mais graduados do governo, os guerreiros, alguns oficiais do exército e os soldados da infantaria. Um degrau abaixo nessa hierarquia vinham os agricultores, não por qualquer característica especial, mas apenas em razão de assegurarem o suprimento de arroz e outras colheitas imprescindíveis à alimentação do povo. Porém, seu fardo era pesado, uma vez que eram obrigados a entregar a maior parte de sua produção aos senhores e não tinham permissão de deixar as fazendas. Em seguida vinham os artesãos e artífices, e no final da linha os comerciantes, que, embora desprezados pelos outros, acabaram por se elevar a uma posição de destaque, como consequência da grande riqueza que amealharam aos poucos. Muito pouca gente escapava a essa rígida hierarquia.

Musashi pertence à classe dos samurais. As origens dessa classe estão no sistema do Kondei ("Juventude Leal"), estabelecido em 792 d.C., pelo qual o Exército japonês — até então formado principalmente por uma infantaria armada de lanças — foi revitalizado com o recrutamento de oficiais entre os jovens das famílias de nível mais elevado; esses oficiais passaram a formar um corpo permanente do Exército. Eles andavam a cavalo, usavam armaduras, arco e espada. Em 782, o imperador Kammu iniciou a construção de Kyoto, e lá erigiu uma "academia" de treinamento chamada Butokuden, existente ainda hoje (Butokuden significa "Casa das Virtudes da Guerra"). Poucos anos após a reestruturação do Exército, os temíveis Ainu, habitantes aborígines do Japão que até aquela data conseguiam resistir às tentativas do Exército de expulsá-los para regiões mais distantes, foram enfim empurrados para a distante ilha setentrional de Hokkaido.

Quando os grandes exércitos provinciais foram gradualmente desmantelados por Hideyoshi e Ieyasu, muitos samurais passaram a vagar pelo país, desempregados pela era de paz que se iniciava. Ainda havia alguns samurais junto aos Tokugawas e aos senhores provinciais, porém em pequena quantidade. As hordas de samurais sem ter o que fazer se viram, de um momento para o outro, numa sociedade regida inteiramente pelas antigas regras de cavalheirismo e fidalguia que lhes eram tão caras, mas onde, ao mesmo tempo, não havia mais lugar para guerreiros. Os samurais tornaram-se, assim, uma classe invertida, mantendo vivos os antigos ideais de conduta pela devoção às artes militares, com um fervor de que só os japoneses são capazes. Foi nessa época que floresceu o Kendo.

Kendo, ou Caminho da Espada, sempre fora sinônimo de nobreza no Japão. Desde a fundação da classe samurai, no século VIII, as artes militares haviam-se tornado a mais alta de todas as formas de estudo, inspiradas pelos ensinamentos do Zen e pelo sentimento xintoísta. As escolas de Kendo, nascidas no início do período Muromachi — aproximadamente de 1390 a 1600 —, passaram incólumes pelos abalos da formação do shogunato Tokugawa, pelo tempo de paz que se seguiu e por tudo o mais que aconteceu ao Japão, sobrevivendo até hoje. A educação dos filhos dos Shoguns Tokugawas se fazia pelo adestramento nos exercícios chineses clássicos e na esgrima. Enquanto os ocidentais diziam que "a pena é mais forte do que a espada", os japoneses diziam "a pena e a espada em comum acordo". Hoje ainda, homens de negócios e políticos do maior destaque na sociedade japonesa praticam as velhas tradições das escolas de Kendo, preservando costumes centenários.

Resumindo: Musashi era um ronin numa época em que os samurais eram considerados formalmente a elite do país, mas, na realidade, não possuíam meios de sobrevivência, a não ser que fossem proprietários de terras e castelos. Muitos ronins abandonaram a espada e se tornaram artesãos, porém outros, como Musashi, levaram em frente o ideal guerreiro, buscando a iluminação por meio da via perigosa do Kendo.

Duelos de vingança e provas de habilidade eram comuns, e as escolas de esgrima se multiplicaram. Duas dessas escolas em particular — a escola Itto e a escola Yagyu — foram protegidas dos Tokugawas. A escola Itto fez surgir uma linha ininterrupta de mestres do Kendo, e a escola Yagyu acabou por se constituir no manancial da polícia secreta da burocracia Tokugawa.

Kendo

Tradicionalmente, as academias de esgrima do Japão, chamadas Dojo, estavam ligadas a santuários e templos, porém, durante o período em que Musashi viveu, várias dessas escolas surgiram nas novas cidades formadas em torno dos castelos. Cada daimyo, ou senhor, mantinha uma escola de Kendo, onde seus servidores podiam ser treinados e seus filhos, educados. A esperança de todo ronin era derrotar os alunos e o mestre de um Dojo em combate, para assim aumentar sua fama e ter seu nome levado aos ouvidos de alguém capaz de empregá-lo também.

Os samurais usavam duas espadas presas à faixa da cintura, com a lâmina para cima. A espada mais longa só era utilizada fora de casa, e a mais curta, em todos os lugares. Nas sessões de treinamento, o mais comum era que se empregassem espadas de madeira e bambu. Duelos e outras provas semelhantes eram comuns, tanto com espadas de treinamento quanto com armas de verdade. Esses combates se realizavam diante de templos ou santuários, nas academias de Kendo, nas ruas e dentro dos muros dos castelos. Os duelos prosseguiam até a morte de um dos combatentes, ou sua invalidez, porém, algumas gerações após a época de Musashi, surgiu o shinai, ou espada flexível de bambu, e posteriormente a armadura acolchoada para a prática da esgrima, de modo que as possibilidades de ferimentos se reduziram muito. Os samurais estudavam todos os tipos de arma: alabardas, bastões, espadas, corrente, foicinha e muito mais. Várias escolas dedicadas a essas armas sobrevivem ainda hoje no Japão em sua forma tradicional.

Para adestrar-se no Kendo, a pessoa tem de subjugar seu ego, sua individualidade, suportar a dor de exercícios extenuantes e cultivar a paz de espírito diante do perigo. Mas o Caminho da Espada não significa apenas o treinamento no manejo da espada: ele não existiria sem todo um código de honra característico da elite samurai. A guerra era a motivação da vida cotidiana dos samurais, e eles sabiam encarar a morte como se ela fizesse parte da rotina doméstica. O significado da vida e da morte pela espada se refletia na conduta habitual da sociedade feudal japonesa, e todo aquele que atingisse a aceitação resoluta da morte a qualquer momento de sua vida seria considerado um mestre da espada. Foi para alcançar a mesma compreensão da vida que muitos homens, em épocas posteriores, adotaram as antigas tradições dos estilos de esgrima com a espada, e muitos outros, ainda hoje, dedicam suas vidas à prática do Kendo.

Kendo e Zen

O Caminho da Espada resume os ensinamentos morais dos samurais, complementado pela filosofia confucionista que ajudou a dar forma ao sistema Tokugawa, ao lado da religião xintoísta, nativa do Japão. Os tribunais guerreiros do Japão do período Kamakura ao período Muromachi incentivavam o estudo austero do Zen pelos samurais, e o Zen andava de braços dados com as artes da guerra. No Zen não há elaborações nem misticismo: ele vai direto à natureza das coisas. Não há cerimônias nem pregações: a promessa do Zen é de caráter exclusivamente pessoal.

A iluminação, no Zen, não implica modificação de comportamento, mas sim a compreensão da natureza da vida comum. Seu objetivo, seu ponto final é o início, e a grande virtude é a simplicidade. Os ensinamentos secretos da escola de Kendo Itto Ryu, o Kiriotoshi, são apenas a primeira de cerca de uma centena de técnicas com esse fim. O princípio básico é o do "Ai Uchi", significando que se deve cortar o oponente tal como ele nos corta. Isso implica o equilíbrio absoluto... a ausência de raiva. O inimigo deve ser tratado como um convidado de honra. A vida deve ser abandonada, e o medo, descartado.

A primeira técnica é a última, o discípulo e o mestre se comportam da mesma maneira. O conhecimento é um ciclo completo. O título do primeiro capítulo da obra de Musashi é Terra, a base do Kendo e do Zen; o último capítulo se chama Nada, indicando a compreensão que só pode ser expressa pelo vazio. Os ensinamentos do Kendo são semelhantes às violentas agressões verbais a que os aprendizes do Zen se sujeitam. Assolados por dúvidas e infelicidade, sua mente e seu espírito se desorientam, e os aprendizes são levados, paulatinamente, à percepção e à compreensão por seu mestre. O estudante de Kendo pratica furiosamente milhares de golpes da manhã à noite, aprendendo as técnicas ferozes da guerra mais horrível, até que, finalmente, a espada se torne uma "não espada" e a intenção se torne uma "não intenção"; nasce o conhecimento espontâneo de todas as situações. O primeiro ensinamento elementar se transforma no conhecimento supremo, e o mestre continua praticando o treinamento mais simples: sua prece cotidiana.

Um pouco da vida de Miyamoto Musashi

Shinmen Musashi No Kami Fujiwara No Genshin, ou, como é comumente conhecido, Miyamoto Musashi, nasceu no lugarejo chamado Miyamoto, na província de Mimasaka, em 1548. Musashi é o nome de uma região a sudoeste de Tóquio, e as palavras No Kami indicam pessoa nobre na região, enquanto Fujiwara é o nome de uma das importantes famílias nobres do Japão, de mais de um milênio atrás.

Os ancestrais de Musashi formavam um ramo do poderoso clã Harima de Kyushu, a ilha meridional do Japão. Hirada Shokan, seu avô, fora servidor de Shinmen Iga No Kami Sudeshige, senhor do castelo de Takeyama. Hirada Shokan desfrutava de grande estima de seu senhor e chegou mesmo a casar-se com a filha dele.

Quando Musashi tinha sete anos, seu pai, Musisai, morreu ou abandonou o menino. Como sua mãe falecera, Ben No Suke, como Musashi era conhecido durante a infância, foi deixado sob a guarda de um tio materno, um sacerdote. E assim sabemos que Musashi era um órfão durante as campanhas de unificação de Hideyoshi, filho de samurai numa terra violenta e infeliz. Musashi foi um menino exuberante, de porte físico superior aos de sua idade e vontade férrea. Não sabemos se resolveu aderir ao Kendo por decisão própria ou por estímulo do tio, mas está registrado que com treze anos abateu um homem em combate corpo a corpo. Seu adversário fora Arima Kihei, um samurai da escola de artes militares Shinto Ryu, adestrado na lança e na espada. O menino jogou o homem ao chão e golpeou sua cabeça com um bastão sempre que ele tentava se levantar. Kihei morreu vomitando sangue.

O combate seguinte de Musashi aconteceu aos dezesseis anos, quando ele derrotou Tadashima Akiyama. Mais ou menos por essa época, ele saiu de casa e se lançou ao que entrou para a história como "A Peregrinação Guerreira", a qual o levou à vitória em numerosíssimos combates e à guerra em pelo menos seis vezes, até que, por fim, aos cinquenta anos de idade, retirou-se para uma vida solitária já tendo atingido o fim de sua busca da razão. É certo que muitos ronin deveriam viajar pelo país em expedições semelhantes; alguns sós, como Musashi, outros com apoio de senhores provinciais, porém nenhum com aparato do famoso espadachim Tsukahar Bokuden, que percorrera o Japão com um séquito de mais de cem homens no século anterior.

Esta parte da existência de Musashi foi vivida longe da sociedade, e nela o guerreiro se dedicou com obstinação feroz à procura da iluminação pelo Caminho da Espada. Preocupado unicamente com o aperfeiçoamento de sua arte, ele viveu como homem algum precisa viver, vagando pela terra com as roupas encharcadas pelas chuvas do inverno, sem cuidar dos cabelos, sem procurar esposa, sem se dedicar a nenhuma profissão a não ser o seu estudo. Conta-se que ele nunca entrara numa banheira a não ser nos raros casos em que fora pego desprevenido e desarmado, e que sua aparência era desleixada e miserável.

Na batalha que levou Ieyasu a suceder Hideyoshi como Shogun do Japão, Seki ga Hara, Musashi uniu-se ao exército de Ashikaga para lutar contra Ieyasu. Ele conseguiu sobreviver aos três dias terríveis em que setenta mil homens morreram, e também à caça e ao massacre dos membros do exército derrotado.

Com vinte e um anos, ele surge em Kyoto, a capital. Kyoto foi o cenário de sua vendeta contra a família Yoshioka. Os Yoshiokas haviam sido instrutores de esgrima da casa dos Ashikagas durante várias gerações. Depois de proibidos de ensinar Kendo pelo senhor Tokugawa, os Yoshiokas se dedicaram à estamparia de tecidos, profissão que exercem ainda hoje. Munisai, o pai de Musashi, fora convidado anos atrás pelo Shogun Ashikaga Yoshiaka para ir a Kyoto. Munisai era um hábil espadachim e um especialista do jitte, uma espécie de maça de ferro com uma lingueta para aparar golpes de espada. A história conta que Munisai enfrentou três dos Yoshiokas, vencendo dois dos três duelos, e talvez isso tenha alguma relação com o comportamento de Musashi diante daquela família.

Yoshioka Seijiro, o chefe da família, foi o primeiro a lutar com Musashi, no campo em torno da cidade. Seijiro estava armado com uma espada de verdade, e Musashi com uma espada de madeira. Musashi derrubou Seijiro com um ataque feroz e atacou-o inclemente assim que o inimigo tombou ao chão. Seus serviçais o levaram para casa, onde, envergonhado, ele cortou o nó dos cabelos que caracteriza todo samurai.

Musashi permaneceu na capital, e sua presença acintosa irritou ainda mais os Yoshiokas. O segundo irmão, Denshichiro, desafiou Musashi para um duelo. Como que cumprindo uma estratégia militar, Musashi chegou atrasado no dia marcado para o duelo e, segundos depois do início do combate, partiu o crânio do adversário com sua espada de madeira. Denshichiro estava morto. A casa dos Yoshiokas lançou então mais um desafio, com Hanshichiro, o filho mais novo de Seijiro, como seu representante. Hanshichiro era um menino que nem completara os treze anos. O combate seria realizado junto a um pinheiro, ao lado de um arrozal. Musashi chegou ao local combinado bem antes da hora do duelo e aguardou escondido a chegada de seu inimigo. O garoto chegou vestido formalmente, com trajes de guerra, acompanhado de um grupo de serviçais fortemente armados, com ordens de eliminar Musashi a qualquer preço. Musashi aguardou algum tempo escondido nas sombras e, tão logo o grupo começou a acreditar que ele pensara melhor e resolvera deixar Kyoto, ele arremeteu veloz e abateu o menino. Em seguida, sacando de ambas as espadas, Musashi abriu caminho a golpes certeiros, conseguindo fugir incólume.

Depois desse episódio espantoso, o nome de Musashi correu por todo o Japão, e ele se tornou uma lenda viva. Encontramos seu nome mencionado em diários, papéis oficiais, monumentos e contos populares de Tóquio a Kyushu, sempre relacionado a proezas memoráveis. Antes dos vinte e nove anos ele já participara de mais de sessenta combates e vencera todos eles. O primeiro relato desses combates aparece em *Niten Ki,* ou *Crônicas dos Dois Céus,* compilado por seus discípulos uma geração após sua morte.

No ano da disputa com os Yoshiokas, 1605, ele visitou o templo Hozoin, na parte sul da capital, e ali lutou com Oku Hozoin, chefe da seita Nichiren, pupilo do sacerdote Zen Hoin Hinei. O sacerdote usava a lança, mas não era páreo para Musashi, que o derrotou duas vezes com sua espada curta de madeira. Musashi permaneceu no templo durante alguns meses estudando técnicas de luta e palestrando com os sacerdotes. Ainda hoje, os monges de Hozoin praticam uma forma tradicional de luta de lanças. É interessante assinalar que, antigamente, a palavra "Osho", que significa sacerdote, tinha o sentido de "mestre de lança". Hoin Hinei era discípulo de Isumi Musashi No Kami, um mestre do Shinto Kendo. O sacerdote usava espadas com lâminas em forma de cruz, guardadas fora do templo, sob as calhas, e utilizadas no combate ao fogo.

Quando Musashi esteve na província de Iga, defrontou-se com um hábil lutador de corrente e foicinha chamado Shishido Baikin. Enquanto Shishido fazia girar sua corrente, Musashi sacou de um punhal e furou-lhe o peito, acabando com ele em segundos. Os pupilos do lutador abatido atacaram Musashi, porém ele os afugentou aos quatro ventos.

Em Edo, um lutador chamado Muso Gonosuke foi visitar Musashi e desafiá-lo para um duelo. Musashi estava cortando madeira para fazer um arco e, aceitando o desafio de Gonosuke, levantou-se, pretendendo fazer da ripa fina que usava uma espada. Gonosuke atacou logo, e com violência, mas Musashi conseguiu se equilibrar e golpeá-lo na cabeça. Gonosuke foi embora.

Passando pela província de Izumo, Musashi foi visitar o senhor Matsudaira e solicitou permissão para enfrentar o maior especialista de Kendo da região. E eles eram muitos. O escolhido acabou sendo um homem que tinha como arma uma vara de madeira hexagonal de mais de dois metros de comprimento.

O combate se realizou nos jardins da biblioteca do senhor. Musashi usou duas espadas de madeira. Ele encurralou o samurai de encontro aos degraus de madeira da varanda da biblioteca, golpeou seu rosto assim que ele chegou ao segundo degrau e atingiu-lhe os dois braços quando ele se encolheu, fugindo da luta. Para surpresa dos servidores ali reunidos, o próprio senhor Matsudaira convidou Musashi para um duelo. Musashi encurralou o senhor como já fizera com o samurai e, quando ele tentou revidar, partindo para um ataque resoluto com a espada, Musashi atingiu-a com o "Golpe de Fogo e Pedras", partindo-a em duas. O senhor se curvou, admitindo a derrota, e Musashi permaneceu ali durante algum tempo como seu professor.

O mais famoso de todos os duelos de Musashi aconteceu no décimo sétimo ano de Keicho, 1612, quando ele passava por Ogura, na província de Bunzen. Seu adversário foi Sasaki Kojiro, um jovem que desenvolvera uma técnica nova e agressiva de esgrima conhecida como Tsubamegaeshi, ou "batida da andorinha", inspirada no movimento da cauda das andorinhas em voo. Kojiro era contratado do senhor da província, Hosokawa Tadaoki. Musashi solicitou permissão para enfrentar Kojiro por meio dos oficios de um dos servidores de Hosokawa, que havia sido aluno do pai de Musashi, um homem chamado Nagaoka Sato Okinaza. A permissão foi concedida e o combate, marcado para as oito horas da manhã seguinte; o local escolhido foi uma ilha a alguns quilômetros de Ogura. Naquela noite, Musashi deixou seus alojamentos e se mudou para a casa de Kobayashi Taro Zaemon. Isso deu ocasião ao aparecimento de boatos de que o temor à técnica sutil de Sasaki fizera Musashi desaparecer para sempre. No dia seguinte, às oito horas, Musashi ainda dormia, e foi preciso que um emissário do senhor da região fosse buscá-lo. Ele se levantou, bebeu a água que lhe fora levada para banhar-se e foi diretamente para a praia. Enquanto Sato remava até a ilha, Musashi preparou uma tira de papel para prender as mangas de seu quimono para trás e fez uma espada de madeira aproveitando o remo de reserva. Depois disso, recostou-se para descansar.

O bote se aproximou do local do combate, e Kojiro, junto a todos que aguardavam a chegada de Musashi, se espantou com sua estranha figura: o cabelo amarrado para cima, saltando do bote e ao mesmo tempo brandindo um remo comprido ainda em meio às ondas, correndo para a praia em direção ao inimigo. Kojiro desembainhou sua espada longa, de lâmina fina, preparada por Nagamitsu de Bizen, e jogou longe a bainha. "Você não vai mais precisar dela", disse Musashi, arremetendo para a frente com a espada ao lado do corpo. Musashi provocou Kojiro a fazer o primeiro corte (o primeiro golpe) e com um movimento agilíssimo ergueu a espada do adversário, descendo em seguida o remo sobre a cabeça de Kojiro. Quando Kojiro caiu, sua espada, que cortara parte do cabelo da cabeça de Musashi, furou a bainha da saia do seu quimono. Musashi comprovou o fim de Kojiro e, curvando-se às autoridades presentes, voltou correndo a seu bote. Alguns relatos dizem que, depois de matar Kojiro, Musashi jogou o remo ao chão, deu alguns saltos rápidos para trás, sacou ambas as espadas e agitou-as no ar, ao mesmo tempo que soltava um grito em direção ao inimigo morto.

Foi mais ou menos por essa época que Musashi desistiu de usar espadas de verdade em duelos. Ele era invencível, e dali em diante dedicou-se à procura do conhecimento perfeito através do Kendo.

Em 1614, e outra vez, em 1615, ele teve a oportunidade de se envolver em guerras. Ieyasu cercara o castelo de Osaka, onde os defensores da família Ashikaga haviam iniciado uma insurreição. Musashi juntou-se às forças de Tokugawa durante as campanhas de verão e de inverno, agora lutando contra aqueles que defendera quando jovem em Seki ga Hara.

Segundo seus próprios escritos, só com cinquenta ou cinquenta e um anos, em 1634, ele compreendeu a estratégia. Musashi e seu filho adotivo Iori, uma criança abandonada que encontrara na província de Dewa durante suas andanças, se radicaram em Ogura no mesmo ano. Musashi nunca mais sairia da ilha de Kyushu. A casa de Hosokawa recebera o comando da província de Higo, do castelo de Kumamoto, e o novo senhor de Bunzen era um Ogasawara. Iori conseguiu empregar-se com Ogasawara Tadazane, e como capitão do exército de Tadazane enfrentou os cristãos na revolta de Shimawara, em 1638, quando Musashi tinha em torno de cinquenta e cinco anos. Os senhores das províncias meridionais sempre se opuseram aos Tokugawas e instigaram a inimizade entre os governantes e cristãos japoneses, juntamente com seus aliados estrangeiros. Musashi era membro do comando das tropas do exército japonês de Shimawara, onde os cristãos foram massacrados. Depois disso, Ieyasu fechou os portos do Japão a todos os estrangeiros, que só viriam a ser abertos outra vez mais de dois séculos depois.

Após passar seis anos em Ogura, Musashi foi convidado a morar junto a Churi, o senhor Hosokawa do castelo de Kumamoto, como convidado de honra. Musashi passou alguns anos com o senhor Churi, dedicando seu tempo ao ensino e à pintura. Em 1643, afastou-se para levar uma vida retirada na caverna chamada Reigendo. Ali ele escreveu *Go Rin No Sho*, dirigido a seu pupilo Teruo Nobuyuki, poucas semanas antes de sua morte, no dia 19 de maio de 1645.

Musashi é conhecido pelos japoneses como "Kensei" ou "Santo da Espada". *Go Rin No Sho* encabeça toda e qualquer bibliografia de Kendo, sendo o único livro sobre artes marciais que trata dos métodos do combate corpo a corpo e da estratégia com o mesmo destaque. O livro não é um manual de estratégia, e sim, nas palavras do próprio Musashi, "uma orientação para os que querem aprender a estratégia". Como orientação, como guia, ele está sempre um passo adiante da compreensão do estudante. Quanto mais se lê o livro, mais se consegue extrair de suas páginas. Foi a última obra de Musashi, a chave do Caminho que ele percorreu. Quando, aos vinte e oito ou vinte e nove anos, já lutador consagrado, ele não se contentou em lançar raízes e abrir uma escola, foi para se dedicar duplamente a seus estudos. Até seus últimos dias ele criticava os confortos da vida com o senhor Hosokawa: Musashi passou dois anos sozinho numa caverna nas montanhas imerso em contemplações. O comportamento desse homem cruel e obstinado era, evidentemente, humilde e honesto.

Musashi escreveu: "quando se atinge o Caminho da Estratégia, não haverá mais nada que não se possa compreender" e "se verá o Caminho em tudo". E, de fato, ele tornou-se mestre de artes e ofícios. Musashi produziu obras-primas de pintura que talvez, ainda no Japão de hoje, gozem de mais renome que as de qualquer outro artista do mesmo meio. Suas obras incluem corvos-marinhos, garças, Hotei — o Deus xintoísta —, dragões, pássaros com flores, um pássaro numa árvore morta, Daruma (Bodhidharma) e outros. Era um excelente calígrafo, o que fica evidenciado por sua peça *Senki* (Espírito da Guerra). Conhece-se dele, ainda, uma pequena escultura em madeira da divindade budista Fudo Myoo, pertencente a particulares. Uma escultura de Kwannon foi perdida recentemente. Trabalhou com metal e fundou uma escola de fabricantes de guardas de espada que se assinavam "Niten" (veja a seguir). Diz-se que escreveu poemas e canções, mas nenhuma dessas obras sobreviveu. Diz-se, ainda, que teria sido contratado pelo Shogun Iemitsu para pintar o sol nascente sobre o castelo de Edo.

Suas pinturas trazem, às vezes, o timbre "Musashi" ou seu nome artístico "Niten". Niten significa "Dois Céus", que alguns consideram uma alusão à sua postura de luta, com uma espada em cada mão segura acima da cabeça. Em certas localidades ele estabeleceu escolas conhecidas como "Niten ryu", e em outras como "Enmei ryu", (claro círculo).

Escreveu o *Estudo dos Caminhos de Todas as Profissões*. E é evidente para nós que foi esta a sua opção de vida. Procurou não só os grandes espadachins, mas também sacerdotes, estrategistas, artistas e artesãos, ansioso por expandir seus conhecimentos.

Musashi escreveu sobre os diversos aspectos do Kendo de uma maneira que torna possível ao iniciante começar pelo nível mais baixo e aos mestres em Kendo estudar aquelas mesmas palavras em um plano mais elevado. E isso não se aplica apenas à estratégia militar: seu método é válido para qualquer situação onde o planejamento e a tática sejam empregados. Homens de negócios do Japão de hoje usam o *Go Rin No Sho* como orientação para a prática comercial, executando campanhas de vendas como se fossem operações militares, usando os mesmos princípios de grande energia física e mental. Da mesma forma que Musashi parece ter sido um homem terrivelmente cruel, sua vida nos mostra que ele perseguia um ideal honesto; também muitos homens de negócios parecem a nós pessoas sem consciência.

O estudo da vida de Musashi tem, assim, tanta importância no século XX como sob a ética medieval de sua época, e se aplica não só à raça japonesa, mas a todas as nações. Tenho a impressão de que sua força poderia ser resumida como "humildade e muito trabalho".

O Livro de Cinco Anéis

Go Rin No Sho

Introdução

Há muitos anos venho me adestrando no Caminho[1] da Estratégia,[2] chamado Ni Ten Ichi Ryu, e acho que agora posso, pela primeira vez, explicá-lo por escrito. Estamos nos primeiros dez dias do décimo mês do vigésimo ano de Kanei (1645). Subi as montanhas de Iwato de Higo, em Kyushu, para render meu preito ao céu,[3] orar a Kwannon[4] e ajoelhar-me aos pés de Buda. Sou um guerreiro da província de Harima, Shinmen Musashi No Kami Fujiwara No Genshin, idade de sessenta anos.

Desde a juventude, meu coração se inclinou para o Caminho da Estratégia. Meu primeiro duelo aconteceu quando eu tinha treze anos, e abati um estrategista da escola de Xinto chamado Arima Kihei.[5] Com dezesseis anos, derrotei um hábil estrategista, Tadashima Akiyma. Com vinte e um anos, fui à capital e encontrei toda sorte de estrategistas, jamais deixando de vencer uma única vez em todos os meus combates.

Depois disso, corri de província em província duelando com estrategistas de várias escolas e nunca deixei de vencer, embora contasse mais de sessenta encontros. Isso ocorreu entre as idades de treze e vinte e oito ou vinte e nove anos.

Quando cheguei aos trinta anos, observei o meu passado. As vitórias anteriores não eram devidas ao fato de eu ter dominado a estratégia. Talvez fosse minha capacidade natural, ou a ordem do céu, ou o fato de a estratégia das outras escolas ser inferior. Depois disso, dediquei dias e noites à busca do princípio, e acabei por entender o Caminho da Estratégia com cinquenta anos de idade.

Desde então, tenho vivido sem seguir nenhum Caminho em particular. Assim, com a virtude da estratégia, dei meu esforço a muitas artes e habilidades, todas elas sem nenhum mestre.[6] Para escrever este livro, não utilizei a lei de Buda, nem os ensinamentos de Confúcio, nem velhas crônicas de guerra ou livros sobre artes marciais. Tomo de minha pena para explicar o verdadeiro espírito[7] desta escola Ishi refletida no Caminho do céu e Kwannon. Já é noite alta, é o décimo dia do décimo mês, a hora do tigre[8] (três a cinco horas da manhã).

O Livro da Terra

A estratégia é o ofício do guerreiro. Os comandantes têm de ordenar o ofício e os soldados têm de saber seguir seu Caminho. Mas não há guerreiro no mundo de hoje que compreenda verdadeiramente o Caminho da Estratégia.

Há vários Caminhos. Há o Caminho da salvação pela lei de Buda, o Caminho de Confúcio, que governa o Caminho da aprendizagem, o Caminho da cura como médico, como o poeta ensinando o Caminho de Waka,[9] o do chá,[10] o do arco e flecha[11] e muitas outras artes e habilidades. Cada homem faz aquilo para que se inclina.

Diz-se que cabe ao guerreiro o Caminho duplo da pena e da espada,[12] e que deve ter gosto por ambos os caminhos. Mesmo que um homem não possua qualquer habilidade natural, ele pode ser um guerreiro, desde que se atenha ardorosamente a ambas as divisões do Caminho. No geral, o Caminho do guerreiro é a aceitação resoluta da morte.[13] Embora se saiba que não só guerreiros, mas também sacerdotes, mulheres, camponeses e pessoas de classe mais baixa às vezes morrem decididos pela causa da obrigação, sem se humilharem, a situação deles é diferente. O guerreiro é único a este respeito, pois o estudo do Caminho da Estratégia é o estudo de como vencer o homem. Através da vitória alcançada, cruzando espadas com outra pessoa ou enfrentando batalhas repletas de gente, conseguimos alcançar fama para nós próprios e para nossos senhores.[14] Esta é a virtude da estratégia.

O caminho da estratégia

Na China e no Japão, os praticantes do Caminho são conhecidos como "mestres da estratégia". Os guerreiros têm de aprender este Caminho.

Recentemente, algumas pessoas vêm se passando por estrategistas para o mundo quando, na maioria dos casos, não passam de lutadores de espada. Os visitantes dos santuários de Kashima Kantori,[15] na província de Hitachi, receberam instruções dos deuses e criaram escolas baseadas nesses ensinamentos, viajando de país em país para ensiná-los aos homens. Este é o significado recente da estratégia.

No passado, a estratégia era considerada uma das Dez Habilidades e Sete Artes, e portanto vista como uma prática benéfica. Não há dúvida quanto à estratégia ser arte, mas, como prática benéfica, ela não se limita à esgrima. O verdadeiro valor da esgrima não pode ser encontrado dentro do âmbito da técnica da esgrima.

Se olharmos para o mundo, veremos artes à venda. O homem usa equipamentos para vender seu próprio eu. Como se, pondo-se lado a lado a noz e a flor, a noz fosse menos importante que a flor. Nesse tipo de Caminho da Estratégia, tanto os que ensinam quanto os que aprendem o Caminho se preocupam em colorir e exibir sua técnica, tentando apressar o florescimento. Eles falam "Deste Dojo" e "Daquele Dojo".[16] Eles buscam o lucro. Alguém já disse que "A estratégia imatura é causa de dor"; o ditado é verdadeiro.

São quatro os Caminhos[17] pelos quais os homens podem percorrer a vida: guerreiros, agricultores, artesãos e comerciantes.

O Caminho do agricultor: usando implementos agrícolas, ele vê as primaveras se transformarem em outonos, sempre atento às mudanças de estação.

O segundo é o Caminho do comerciante. O fabricante de vinhos obtém os ingredientes, mistura-os e usa-os para ganhar a vida. O Caminho do comerciante é sempre viver por meio do lucro.

O terceiro é o Caminho do guerreiro, transportando os armamentos de seu Caminho. O Caminho do guerreiro é dominar a virtude de suas armas. Se um guerreiro não aprecia a estratégia, ele será incapaz de apreciar as vantagens de suas armas, então ele não precisaria apreciá-la ao menos um pouco?

O quarto é o Caminho do artesão. O Caminho do carpinteiro[18] é adquirir o domínio do uso de suas ferramentas, traçando primeiro o plano com medidas certas e depois executando-o com perfeição. E assim ele passa pela vida.

Estes são os quatro Caminhos: guerreiro, agricultor, artesão e comerciante.

Comparação do caminho do carpinteiro com a estratégia

A comparação com a carpintaria é feita por analogia às casas. As da nobreza, as dos guerreiros, as Quatro Casas,[19] as casas em ruínas, o erguimento das casas, o estilo das casas, a tradição das casas e o nome das casas. O carpinteiro usa uma planta do prédio, e o Caminho da Estratégia se assemelha ao Caminho do carpinteiro na medida que também usa um plano de campanha. Se você quiser aprender o ofício da guerra, estude este livro. O mestre é uma agulha, o discípulo, a linha. É preciso praticar constantemente.

Como o carpinteiro-chefe, o comandante precisa conhecer todas as leis naturais, os regulamentos das casas. Este é o Caminho do carpinteiro-chefe.

O carpinteiro-chefe precisa conhecer a teoria arquitetônica das torres e templos, as plantas dos palácios, e precisa contratar homens que ergam as casas. O Caminho do carpinteiro- chefe é igual ao Caminho do comandante de uma casa guerreira.[20]

Na construção das casas, tem-se que fazer a escolha da madeira. Toras retas, sem nós, de boa aparência, são usadas nas colunas externas; toras retas com pequenos defeitos, nas colunas internas. A madeira de melhor aparência, ainda que um pouco mais fraca, é empregada em soleiras, lintéis, portas fixas e portas corrediças,[21] e assim por diante. Madeira boa e forte, ainda que cheia de nós e retorcida, sempre pode ser usada discretamente nas construções. Madeiras fracas ou completamente cobertas de nós podem ser usadas na construção de andaimes e depois como lenha.

O carpinteiro-chefe entrega tarefas a seus homens de acordo com a habilidade de cada um. Colocadores de piso, construtores de portas corrediças, soleiras, lintéis, tetos e assim por diante. Os que têm menos habilidade cuidam das tábuas do piso, e os de menor habilidade ainda chanfram a madeira ou preparam cunhas, ou se encarregam de pequenos trabalhos diversos. Se o carpinteiro-chefe conhecer bem os homens sob seu comando e designá-los para tarefas compatíveis, conseguirá fazer um bom trabalho.

O carpinteiro-chefe precisa levar em consideração a capacidade e as limitações de seus subordinados, circulando entre eles e nunca exigindo o que não for razoável. Deve conhecer o ânimo e o estado de espírito de cada um e incentivá-los, quando necessário. O mesmo vale como princípio da estratégia.

O caminho da estratégia

Tal como o soldado, o carpinteiro afia suas ferramentas, seus instrumentos de trabalho.[22] Ele carrega as ferramentas numa caixa própria e trabalha sob a direção do carpinteiro-chefe. Faz colunas e vigas com o machado, dá forma a tábuas corridas e prateleiras com a plaina, faz entalhes e abre desenhos na madeira com toda a precisão, conseguindo um acabamento tão excelente quanto sua habilidade permitir. Este é o ofício dos carpinteiros. Quando o carpinteiro domina seu ofício e compreende as medidas, ele pode se tornar um carpinteiro-chefe.

A função do carpinteiro é, dispondo de ferramentas que cortem bem, fazer pequenos santuários,[23] prateleiras e estantes de escrever, mesas, lanternas de papel, tábuas de bater carne e tampas de panelas. Estas são as especialidades do carpinteiro. A vida do soldado é semelhante. Você deve pensar suficientemente nisso.

A satisfação do carpinteiro é ver que seu trabalho não está empenado, que as juntas estão bem alinhadas, que o plano de trabalho foi bem elaborado e tudo se encaixa, e que o acabamento não está limitado a algumas seções. Isto é essencial.

Se você quiser aprender este Caminho, pense profundamente nas coisas aqui escritas, uma de cada vez. Será preciso estudar bastante antes de tomar qualquer decisão.

Esboço dos cinco livros deste livro de estratégia

O Caminho está indicado em cinco livros,[24] cada um tratando de um aspecto diferente. São eles: Terra, Água, Fogo, Tradição (Vento)[25] e Nada.[26]

O corpo do Caminho da Estratégia sob o ponto de vista da minha escola Ichi está explicado no Livro da Terra. É muito difícil que se chegue a compreender o verdadeiro Caminho apenas por meio da esgrima. Estude as menores coisas e as maiores coisas, as coisas mais superficiais e as coisas mais profundas. Como se parece com uma estrada riscada no chão, o primeiro livro se chama Livro da Terra.

O segundo é o Livro da Água. Tendo a água por base, o espírito se torna semelhante à água. A água adota a forma do recipiente que a contém, às vezes goteja e às vezes é mar bravio. A água tem a cor azul-clara. Por meio da clareza, os princípios da escola Ichi são ensinados neste livro.

Se você dominar os princípios da esgrima, assim que conseguir derrotar livremente um homem, você estará em condições de derrotar qualquer homem no mundo. O espírito de se derrotar um homem é o mesmo para se abater dez milhões de homens. O estrategista transforma coisas pequenas em grandes coisas, como a construção de um grande Buda a partir de um modelo de trinta centímetros. Não posso escrever detalhadamente sobre como isso é conseguido. O princípio da estratégia é, tendo-se uma coisa, conhecerem-se dez mil coisas. E as coisas da escola Ichi estão escritas neste Livro da Água.

O terceiro é o Livro do Fogo. Este livro fala da luta. O espírito do fogo é feroz, seja ele pequeno ou grande; o mesmo acontece com as batalhas. O Caminho das batalhas é o mesmo tanto em lutas de dois homens quanto em batalhas com dez mil de cada lado. Você precisa aceitar que esse espírito se torne pequeno ou grande. O que é grande percebe-se com facilidade; o que é pequeno, nem tanto, nem sempre. Resumindo: é difícil que grandes grupos de homens troquem de posição, e por isso seus movimentos podem ser percebidos sem problema. Já uma pessoa sozinha pode mudar de opinião num segundo, e assim seus movimentos não são fáceis de prever. É preciso aceitar isso. A essência deste livro é a de que o guerreiro tem de treinar dia e noite a fim de tomar decisões rápidas. Na estratégia, é importante tratar o treinamento como parte da vida normal, sem qualquer mudança de espírito. Por isso, o combate é descrito no Livro do Fogo.

Em quarto lugar vem o Livro do Vento. Este livro não se relaciona com a minha escola Ichi, e sim com outras escolas de estratégia. Por Vento refiro-me a tradições antigas, tradições atuais e tradições familiares de estratégias do mundo. Isso é tradição. É difícil que uma pessoa se conheça se não conhecer os outros. A todos os Caminhos há vias secundárias. Se você estudar um Caminho diariamente, e se seu espírito divergir, pode ser que você acredite estar seguindo um bom Caminho quando na realidade seu espírito diverge dele. Se você estiver seguindo um bom Caminho e divergir um pouco, é possível que mais tarde surja uma grande divergência. É preciso compreender isso. Outras estratégias acabaram por ser consideradas meras técnicas de esgrima, o que não chega a surpreender. A vantagem da minha estratégia está em que, embora inclua a esgrima, ela possui um princípio distinto. Explico, portanto, o que se entende comumente por estratégia nas outras escolas neste Livro do Vento (Tradição).

Em quinto lugar, o Livro do Nada. Por Nada entendo o que não tem princípio e não tem fim. Atingir este princípio significa não atingir o princípio. O Caminho da Estratégia é o Caminho da Natureza. Quando se consegue apreender a força da natureza, conhecer o ritmo de qualquer situação, consegue-se atacar o inimigo naturalmente e golpear naturalmente. Tudo isso é o Caminho do Nada. No Livro do Nada, pretendo mostrar como seguir o Caminho verdadeiro segundo a Natureza.

O nome de Ichi Ryu Ni To (uma escola — duas espadas)

Os guerreiros, sejam comandantes ou soldados, carregam duas espadas[27] à cintura. Antigamente, elas eram chamadas de espada longa e espada curta; hoje, elas são conhecidas como a espada e a espada companheira. Basta dizer, porém, que em nossa terra, sejam quais forem os motivos, o guerreiro carrega duas espadas à cintura. Este é o Caminho do guerreiro.

"Nito Ichi Ryu" mostra as vantagens de se usarem duas espadas.

A lança e a alabarda[28] são armas que se usam fora de casa.

Os estudantes do Caminho da Estratégia pela escola Ichi devem treinar desde o início com a espada curta e a espada longa, uma em cada mão. Esta é a verdade: quando se sacrifica a vida, é imprescindível que se usem ao máximo os armamentos de que se dispõem. Não é direito deixar de agir assim, como não é direito morrer com uma arma ainda não sacada.

Segurando uma mesma espada com as duas mãos, você terá dificuldades para fazê-la girar livremente para a esquerda e para a direita, por isso meu método é usar uma espada em cada mão. Isso não se aplica a armas grandes como a lança ou alabarda, mas as espadas e as espadas companheiras podem ser levadas numa só mão. Seria confuso levar uma espada em ambas as mãos, quando se está a cavalo, quando se corre por estrada de piso desigual, ou em campos enlameados, ou em campos alagados de arroz, ou em terrenos de pedra, ou em meio a agrupamentos de pessoas. Segurar a espada longa com ambas as mãos não é o verdadeiro Caminho, pois se você carrega um arco ou uma lança ou outras armas na mão esquerda, você só terá uma das mãos livres para a espada longa. Entretanto, nos casos em que for difícil abater um inimigo com uma das mãos, a única saída será segurar a espada com as duas. Não é difícil manejar uma espada com uma das mãos; o Caminho do aprendizado desta técnica é treinar com duas espadas longas, uma em cada mão. A princípio tudo parecerá difícil, mas a princípio tudo é difícil. É difícil apanhar e apontar o arco e a flecha, é difícil manejar a alabarda; à medida que você se acostumar com o arco, sua força e sua firmeza crescerão. Quando você se acostumar ao manejo da espada longa, você adquirirá a força do Caminho e a manejará bem.

Como explico no segundo livro, o Livro da Água, não há atalho no aprendizado do manejo da espada longa. A espada longa deve ser manejada com movimentos largos, a espada curta deve ser manejada com movimentos mais rentes ao corpo. Este é o primeiro detalhe que se precisa compreender.

De acordo com a escola Ichi, pode-se vencer com uma espada longa e pode-se vencer também com uma espada curta. Em resumo: o Caminho da escola Ichi é o espírito da vitória, seja qual for a arma e seja qual for o tamanho da arma.

É preferível usar duas espadas a usar uma, quando se enfrenta um grupo de pessoas, e principalmente quando se quer fazer um prisioneiro.

Coisas assim não podem ser explicadas detalhadamente. De uma coisa, aprenda mil coisas. Quando você alcançar o Caminho da Estratégia, não haverá coisa alguma que não consiga ver. Você precisa estudar muito.

A vantagem dos dois caracteres que significam "estratégia"

Os mestres da espada longa são chamados de estrategistas. Quanto às outras artes militares, os que dominam o arco são chamados de arqueiros, os que dominam a lança, de lanceiros, os que dominam o canhão[29], de atiradores, os que dominam a alabarda, de alabardistas ou alabardeiros. Mas não chamamos os mestres do Caminho da espada longa de "espadachins da espada longa" ou mesmo "espadachins", como não falamos também em "espadachins da espada companheira". Porque arcos, canhões, lanças e alabardas são todos equipamentos de guerreiros e com toda a certeza fazem parte da estratégia. Dominar a virtude da espada longa, por outro lado, é dirigir ao mundo e a si mesmo, e portanto a espada longa é a base da estratégia. O princípio é a "estratégia por meio da espada longa". Alcançando a virtude da espada longa, um só homem é capaz de vencer dez homens. Da mesma maneira que um homem pode derrotar dez, cem homens podem derrotar mil e mil podem derrotar dez mil. Na minha estratégia, um homem é o mesmo que dez mil homens, e portanto esta estratégia é o ofício completo do guerreiro.

O Caminho do guerreiro não inclui outros caminhos, como o confucionismo, o budismo, certas tradições, realizações artísticas e a dança.[30] Mas, mesmo que eles não façam parte do Caminho, se conhecer o Caminho a fundo, você o verá em tudo. O homem tem de dar polimento ao Caminho que escolheu.

As vantagens das armas na estratégia

Há hora e lugar para o uso das armas.

A melhor utilização da espada companheira se dá em locais confinados, ou quando se enfrenta um oponente quase corpo a corpo. A espada longa pode ser usada com eficácia em todas as situações.

A alabarda é inferior à lança no campo de batalha. Com a lança pode-se tomar a iniciativa; a alabarda é defensiva. Nas mãos de um homem de mais habilidade, a lança tem sempre mais força. A lança e a alabarda têm ambas sua utilidade, mas de nada servem num espaço confinado. Elas não podem ser usadas para se fazer um prisioneiro, por exemplo. Elas são essencialmente armas de campo.

De qualquer forma, se aprender apenas as técnicas de "recinto fechado",[31] você correrá o risco de estreitar o pensamento e esquecer o verdadeiro Caminho. Por isso você enfrentará dificuldades ao combater de fato.

O arco é taticamente forte no início das batalhas, e em particular nas batalhas em campos abertos ou com vegetação rasteira, já que permite arremessos ligeiros por entre os companheiros armados de lanças. Entretanto, nos cercos, ele é insatisfatório, o mesmo acontecendo quando o inimigo se encontra a mais de quarenta metros de distância. Por este motivo, são poucas as escolas tradicionais de arqueiros que ainda sobrevivem. Há pouca utilidade, em nossos dias, para esse tipo de habilidade.

Usado dentro de fortificações, o canhão não tem rival entre todas as armas. É a arma suprema dos campos de batalha antes do choque de homem contra homem, porém depois que se cruzam espadas ele se torna inútil.

Uma das vantagens do arco é que se podem ver as flechas em voo e corrigir a mira de acordo com sua trajetória, enquanto as balas de canhão não podem ser vistas. Você precisa compreender bem a importância deste fato.

Da mesma maneira que um cavalo precisa ter resistência e nenhum defeito, assim devem ser todas as armas. Os cavalos devem marchar com força, as espadas longas e as espadas companheiras têm que golpear com força. As lanças e alabardas precisam suportar o uso pesado; os arcos e os canhões precisam ter grande resistência. Todas as armas têm que ser eficazes e duradouras, antes de serem decorativas.

Você não deve ter uma arma preferida. O hábito exagerado do uso de uma arma qualquer é tão prejudicial quanto o conhecimento inadequado dela. Você não deve copiar os outros, e sim utilizar as armas que consegue manejar com propriedade. Comandantes e soldados não podem sentir preferências ou antipatias por armamentos. Estes são fatos que você deve aprender a fundo.

A noção de tempo na estratégia

Há sincronia em tudo. A noção de tempo na estratégia não pode ser dominada sem uma prática das mais intensas.

A noção de tempo é importante na dança, na música das flautas e na música das cordas, pois só se tocará dentro do ritmo se a sincronia for perfeita. A sincronia e o ritmo também se manifestam nas artes militares, no arremesso das flechas e nas cavalgadas. Em todos os conhecimentos e habilidades há sincronia.

Também há sincronia no Nada.

Há sincronia em toda a vida do guerreiro, na sua ascensão e no seu declínio, na sua harmonia e na sua discórdia. Da mesma forma, há sincronia no Caminho do comerciante, na ascensão e no declínio do capital. Todas as coisas existem dentro de um movimento de ascensão e declínio. E isto você precisa aprender a distinguir. Na estratégia, a noção de tempo exige diversas considerações. Desde o princípio, você precisa conhecer a sincronia necessária a cada situação e a sincronia desfavorável a ela e, em meio às coisas grandes e pequenas, aos ritmos lentos e rápidos, encontrar a sincronia relevante, observando primeiro a sincronia da distância e a sincronia do fundo. Este é o aspecto mais importante da estratégia. A sincronia do fundo reveste-se de uma importância especial, caso contrário, sua estratégia será incerta e instável.

Ganham-se batalhas com a sincronia do Nada, nascida da sincronia da sagacidade, aprendendo-se a sincronia dos inimigos e, em seguida, utilizando-se uma sincronia que o inimigo não espera.

Todos os cinco livros tratam, antes de mais nada, da sincronia, da noção de tempo. Para compreender bem o que isto significa, você tem de treinar e praticar bastante.

Se você praticar dia e noite a estratégia da escola Ichi, seu espírito se alargará naturalmente. É assim que a estratégia das batalhas em grande escala e a estratégia dos combates corpo a corpo se propagam no mundo. E pela primeira vez isso é registrado nos cinco livros: da Terra, da Água, do Fogo, da Tradição (Vento) e do Nada. É este o Caminho para os homens que desejam aprender a minha estratégia.

1. *Não pense com desonestidade.*
2. *O Caminho está no treinamento.*
3. *Trave contato com todas as artes.*
4. *Conheça o Caminho de todas as profissões.*
5. *Aprenda a distinguir ganho de perda nos assuntos materiais.*
6. *Desenvolva o julgamento intuitivo e a compreensão de tudo.*
7. *Perceba as coisas que não podem ser vistas.*
8. *Preste atenção até ao que não tem importância.*
9. *Não faça nada que de nada sirva.*

É importante começar guardando estes princípios gerais em sua mente e treinando o Caminho da Estratégia. Se você não conseguir ver as coisas em escala maior, será difícil dominar a estratégia. Se aprender e dominar a estratégia que ensino, você nunca perderá, mesmo que enfrente vinte ou trinta inimigos. Mais do que tudo, neste começo, é preciso que você volte seu coração para a estratégia e se atenha fielmente ao Caminho. Você se tornará capaz de vencer os homens na luta, e capaz de vencer com os olhos. Além disso, com o treinamento, você se tornará capaz de controlar livremente o seu próprio corpo, derrotar os homens com o seu corpo e, desde que faça um treinamento suficiente, de derrotar dez homens com seu espírito. Quando tiver alcançado este ponto, você será invencível!

Além do mais, na estratégia em grande escala, o homem em posição de mando saberá controlar diversos subordinados com destreza, portar-se corretamente, dirigir o país e estimular as pessoas, preservando dessa forma a disciplina. Se há um Caminho do espírito de não ser derrotado, de se desenvolver e de alcançar honras, ele é o Caminho da Estratégia.

Décimo segundo dia, do quinto mês, segundo ano de Shoho (1645).

Teruo Magonojo.[32]

SHINMEN MUSASHI

O Livro da Água

O espírito da escola de estratégia Ni Ten Ichi se baseia na água, e este Livro da Água explica os métodos de vitória na forma da espada longa da escola Ichi. A palavra não consegue explicar o Caminho em todos os seus detalhes, mas eles podem ser apreendidos intuitivamente. Estude este livro: leia uma palavra e pondere. Se interpretar seu significado superficialmente, você confundirá o Caminho.

Os princípios da estratégia estão analisados aqui em termos de luta homem a homem, mas você tem de pensar em nível amplo para chegar a compreender as batalhas em que dez mil homens formam de cada lado.

A estratégia é diferente das outras coisas na medida que, se você confundir o Caminho, um pouco que seja, o resultado será a desorientação completa e a aquisição de maus hábitos.

Apenas lendo este livro você não atingirá o Caminho da Estratégia. Absorva o que está escrito aqui. Não se limite a ler, memorizar ou imitar, mas, para penetrar no princípio e tê-lo gravado em seu coração, estude, estude muito.

A influência espiritual na estratégia

A estratégia não exige nenhuma postura espiritual diferente da normalidade. Tanto na luta quanto na vida cotidiana você deve mostrar determinação aliada à calma. Enfrente a situação relaxado, mas sem precipitações, com o espírito calmo, mas não preconcebido. E lembre-se, também, de que o relaxamento da mente não implica o relaxamento do corpo; e nem a mente pode se relaxar a ponto de se tornar entorpecida. Não permita que seu espírito seja influenciado por seu corpo, e nem que seu corpo seja influenciado por seu espírito. Não deixe que seu espírito se eleve demais; não deixe que ele se abata demais. Um espírito elevado é um espírito fraco; um espírito abatido é um espírito fraco. Não permita que o inimigo perceba seu espírito. As pessoas pequenas têm de se familiarizar completamente com o espírito das pessoas grandes, e as pessoas grandes, com o espírito das pessoas pequenas. Seja qual for o seu tamanho, não se permita iludir com as reações do seu próprio corpo. Com o espírito aberto e livre, encare as coisas de um ponto de vista alto. É imprescindível cultivar a sabedoria e o espírito. Refine sua sabedoria: adquira mais conhecimentos sobre a justiça pública, aprenda a distinguir entre o bem e o mal, estude os caminhos das diferentes artes, uma a uma. Quando não mais puder ser iludido pelos homens, você terá atingido a sabedoria da estratégia.

A sabedoria da estratégia é diferente de tudo o mais. No campo de batalha, mesmo nas situações mais difíceis, aprofunde-se incessantemente nos princípios da estratégia para que seu espírito se torne cada vez mais firme.

A postura do corpo na estratégia

Adote uma postura de cabeça erguida, nem curvada para a frente nem voltada para o céu, nem virada para qualquer um dos lados. Sua testa e o espaço entre seus olhos não devem ficar franzidos. Não gire os olhos nem permita que pisquem; apenas estreite-os ligeiramente. Com as feições compostas, mantenha a linha do nariz reta, com uma leve sensação de narinas dilatadas. Mantenha reta, também, a linha da nuca; instile vigor na linha de implantação dos cabelos, assim como do ombro para baixo, por todo o corpo. Encolha ambos os ombros e, sem permitir que as nádegas se projetem para fora, dê força às pernas, dos joelhos até a ponta dos dedos dos pés. Prenda o abdômen, para que seu corpo não se dobre nos quadris. Enfie a espada companheira na faixa da cintura de encontro ao abdômen, para que a faixa não afrouxe.

Em todas as formas de estratégia, é indispensável que se mantenha a postura de combate na vida cotidiana e que se faça da postura diária a sua postura de combate. Isto precisa ser bem estudado.

O olhar na estratégia

O olhar deve ser aberto e amplo. Este é o olhar duplo de "Percepção e Visão". A percepção é forte e a vista é fraca.

Na estratégia, é importante ver coisas distantes das coisas próximas e ter uma visão distanciada das coisas próximas. É importante, na estratégia, conhecer a espada do inimigo e não se deixar distrair por movimentos insignificantes dela. Este detalhe precisa ser estudado. O olhar é o mesmo no combate individual e na estratégia de grande escala.

É necessário, na estratégia, ver ambos os lados sem movimentar os olhos. E esta habilidade não pode ser adquirida com rapidez. Aprenda o que aqui está escrito: use este olhar na vida diária, e não o modifique, aconteça o que acontecer.

Como segurar a espada longa

Segure a espada longa entre o polegar e o indicador, de modo que ela produza uma sensação flutuante, com o dedo médio nem muito apertado nem muito folgado, e com os dois últimos dedos apertados. Não é conveniente que haja folga na mão.

Quando pegar uma espada, é indispensável que você sinta necessidade e vontade de abater o inimigo. E, ao golpeá-lo, você não poderá alterar sua pegada; suas mãos não podem hesitar. Quando golpear a espada do inimigo para um dos lados, ou interromper o seu golpe, ou forçá-la para baixo, a sensação entre o polegar e o indicador deverá mudar ligeiramente. Mas, acima de tudo, você precisa estar decidido a abater o inimigo a partir do modo pelo qual segura a espada.

A pegada para combate e para teste de espada[33] é a mesma. Não há o que alguns chamam de "pegada de luta".

Em geral, desaprovo a rigidez tanto da espada longa quanto das mãos. A rigidez significa que as mãos ficam "mortas". A flexibilidade dá vida às mãos. Você não pode se esquecer disso.

Trabalho dos pés[34]

Com as pontas dos dedos dos pés mais ou menos flutuantes, fixe os calcanhares firmemente no chão.

Quer você se movimente depressa ou devagar, com passadas largas ou curtas, seus pés deverão ter sempre a sensação do andar normal. Não gosto dos três métodos de caminhada chamados "pé saltador", "pé flutuante" e "pé fixo".

O chamado "pé Yin-Yang" é importante no meu Caminho. Pé Yin-Yang significa nunca movimentar apenas um pé, mas sim os pés da esquerda para a direita e os da direita para a esquerda, ao golpear, recuar ou desviar um ataque. Nenhum dos pés deve ter a preferência do movimento.

As cinco atitudes

As cinco atitudes são: superior, média, inferior, direita e esquerda. Embora a atitude tenha estas cinco divisões, a finalidade precípua de todas elas é golpear o inimigo. Não há outra atitude além destas cinco.

Seja qual for a atitude em que você estiver, não tome consciência dela: pense apenas em golpear.

Sua atitude será aberta ou contraída conforme a situação. As atitudes superior, inferior e média são decisivas. As atitudes esquerda e direita são fluidas. As atitudes esquerda e direita devem ser usadas quando há uma obstrução na altura do local ou de um dos dois lados. A decisão de se adotar a atitude esquerda ou direita dependerá, portanto, do local do combate.

A essência do Caminho é esta. Para compreender a atitude, em geral, é preciso que você entenda profundamente a atitude média. A atitude média é o núcleo de todas as atitudes. Se virmos a estratégia em uma escala ampla, a atitude média será a posição do comandante, com as outras quatro atitudes obedecendo a seu comando. Você deve estudar isto muito bem.

O caminho da espada longa

Conhecer o Caminho da espada longa[35] significa poder manejar com dois dedos a espada que normalmente se carrega. Se conhecermos bem o trajeto da espada, poderemos manejá-la com facilidade.

Se você tentar manejar a espada longa com pressa, acabará por confundir o Caminho. Para aprender a manejá-la, é preciso que você tenha calma. Tentando manejá-la com pressa, como um leque[36] ou uma espada curta, você cometerá um erro que chamo de "golpe da espada curta". Não se pode abater um homem com a espada longa utilizando este método.

Depois de golpear para baixo com a espada longa, erga-a reta; quando tiver golpeado para um dos lados, traga a espada de volta com uma trajetória lateral. A espada tem de voltar sempre de maneira racional, sempre com um movimento amplo que estique ao máximo os cotovelos. Maneje a espada com força. Este é o Caminho da espada longa.

Se aprender a utilizar os cinco enfoques da minha estratégia, você conseguirá manejar bem a espada. É preciso treinar constantemente.

Os cinco enfoques[37]

1. O primeiro enfoque é a atitude média. Enfrente o inimigo com a ponta de sua espada contra o rosto dele. Quando ele atacar, jogue a espada dele para a direita e "monte" sobre ele. Ou, quando o inimigo atacar, desvie a ponta da espada dele golpeando-a para baixo; mantenha a sua espada longa onde está, e assim que o inimigo renovar o ataque golpeie os braços dele de baixo para cima. Este é o primeiro método.

Os cincos enfoques são assim. Você tem de treinar repetidamente, usando uma espada longa, a fim de aprendê-los. Quando chegar a dominar o meu Caminho da espada longa, você estará em condições de controlar qualquer ataque que o inimigo faça. Posso assegurar a você que não há outras atitudes além das cinco atitudes da espada longa de NiTo.

2. No segundo enfoque com a espada longa, partindo da atitude superior, golpeie o inimigo no momento em que ele atacar. Se o inimigo conseguir evitar o golpe, mantenha sua espada onde estiver e, com um movimento de concha de baixo para cima, golpeie-o assim que renovar o ataque. Se for preciso, será possível repetir o golpe desta nova posição.

Neste método, ocorrem diversas alterações de tempo e espírito. Você entenderá melhor este aspecto na medida em que treinar mais dentro da escola Ichi. Você ganhará sempre com os cinco métodos da espada longa; mas precisa treinar repetidamente.

3. No terceiro enfoque, adote a atitude inferior, antecipando o movimento de concha para cima. Quando o inimigo atacar, golpeie as mãos dele por baixo. Nesse momento, é possível que ele tente golpear sua espada para baixo. Se for o caso, golpeie a região superior do(s) braço(s) dele horizontalmente, cruzando a espada. Isto significa que, partindo da atitude inferior, você pode atingir o inimigo no exato instante em que ele atacar.

Você encontrará uso para este método com frequência, tanto como iniciante quanto nas etapas mais profundas da estratégia. Você precisa praticar a maneira de segurar a espada longa.

4. Neste quarto enfoque, adote a atitude de esquerda. Quando o inimigo atacar, golpeie as mãos dele de baixo para cima. Se, quando você golpear as mãos dele, ele tentar jogar a sua espada para baixo, sinta a impressão firme de estar *atingindo as mãos dele,* parta decidido para *golpear as mãos dele* e corte a trajetória da espada longa do inimigo, lançando um golpe cruzado partindo de uma posição mais elevada que seus ombros.

Esse é o Caminho da espada longa. Com esse método, você vence cortando a linha do ataque do inimigo. Você precisa estudar atentamente esse ensinamento.

5. No quinto enfoque, a espada está numa atitude de direita. Conforme o ataque do inimigo, cruze sua espada longa partindo de baixo e de um dos lados e chegando a uma atitude superior. Depois, lance um golpe direto de cima para baixo.

Este método é essencial para se conhecer bem o Caminho da espada longa. Se você dominar este método, não haverá nenhuma dificuldade no manejo de uma espada longa pesada.

Não tenho como descrever detalhadamente o emprego destes cinco enfoques. Você precisa se familiarizar muito bem com o que pretendo dizer com "em harmonia com a espada longa". Este é o Caminho. Aprenda a sincronia em grande escala, estude a espada longa do inimigo e acostume-se aos cinco enfoques, desde o primeiro instante da sua formação. Você vencerá sempre utilizando estes cinco métodos, lembrando-se também das considerações de sincronia, tempo e ritmo para discernir o espírito do inimigo. Você precisa analisar com muita atenção tudo isso que digo.

O ensino da "atitude sem atitude"

"Atitude sem Atitude" significa que não há necessidade do que se costuma chamar de atitude da espada longa.

Ainda assim, as atitudes existem; elas são as cinco maneiras de se segurar a espada longa. Mas, seja qual for a sua maneira de segurá-la, é indispensável que fique fácil golpear o inimigo com eficácia de acordo com a situação, o lugar e a sua posição diante dele. Partindo de uma atitude superior, quando seu espírito se atenuar um pouco, você pode adotar a atitude média, e da atitude média você pode escolher uma técnica de espada ligeiramente mais alta, passando para uma atitude superior. Da atitude inferior é possível erguer a espada um pouco até chegar à atitude média, conforme a ocasião exigir. Dependendo da situação, se você girar a espada do lado esquerdo ou do lado direito para o centro, o resultado será a adoção da atitude média ou inferior.

O princípio de tudo isso que acabo de explicar se chama "Atitude Existente — Atitude Não Existente".

A primeira coisa, a coisa mais importante quando se toma uma espada nas mãos, é a intenção de atacar o inimigo, seja qual for o significado dessa intenção. Quer você corte a trajetória de um golpe, arremeta, salte, rebata ou desvie a espada do inimigo, será preciso atingir o inimigo no mesmo movimento. É essencial que isso fique claro. Se pensar apenas em cortar, arremeter, saltar, rebater ou desviar, você não terá condições de atingi-lo de verdade. Acima de tudo, é fundamental pensar em prosseguir com o movimento até sua conclusão, até ver o inimigo atingido. Você deve estudar profundamente este ensinamento.

A atitude na estratégia dos combates em grande escala chama-se "Formação de Batalha". Essas atitudes têm por finalidade vencer todas as batalhas. A formação fixa é inadequada. Estude bem isso.

Atingir o inimigo "num só tempo"

"Num Só Tempo" significa que, depois de "fechar" sobre o inimigo, você o golpeará com máxima rapidez e objetividade, sem movimentar mais o corpo nem aplacar o espírito, ao mesmo tempo que perceber a indecisão momentânea do adversário. A sincronização do golpe, lançado sempre antes de o inimigo ter-se decidido por recuar, cortar o golpe da sua espada ou fazer um ataque direto, é o que chamo de "Num Só Tempo".

Você precisa treinar bastante até alcançar essa sincronização, até ser capaz de usá-la numa fração de segundo para o golpe decisivo.

A sincronização dupla do abdômen

Quando atacar e o inimigo recuar rapidamente, percebendo-o tenso, você deve fingir um golpe. Quando você interromper o golpe e ele relaxar, siga em frente e atinja-o. Esta é a "Sincronização Dupla do Abdômen".

É difícil que você a aprenda apenas lendo este livro, mas com algumas instruções práticas ela não oferecerá dificuldade.

Nenhum esquema, nenhuma ideia[38]

Neste método, quando o inimigo atacar e você resolver atacar também, golpeie com o corpo, golpeie com o espírito e golpeie do Nada com suas mãos, acelerando violentamente. Este é o golpe sem "Nenhum Esquema, Nenhuma Ideia".

É o mais importante de todos os métodos de ataque. Ele é usado com frequência. Você precisa treinar duro para compreendê-lo.

O golpe da água corrente

O golpe da "Água Corrente" é usado quando se luta lâmina com o inimigo. Quando ele interromper o ataque e recuar rapidamente na tentativa de arremeter em seguida com a espada longa, abra seu corpo e seu espírito e golpeie-o tão lentamente quanto for possível com sua espada longa, acompanhando seu corpo como a água corrente. Aprendendo isso, você poderá golpear com certeza. É importante discernir o nível do inimigo.

Golpe contínuo

Quando você atacar e o inimigo atacar também, e quando as duas espadas arremeterem juntas, golpeie de uma só vez a cabeça, as mãos e as pernas dele. Você executa o "Golpe Contínuo" atingindo várias partes do corpo com um só movimento da espada longa. Este golpe precisa ser muito praticado, já que é usado com frequência. Com um treinamento bem orientado, você saberá entendê-lo.

O golpe de fogo e pedras

O golpe de "Fogo e Pedras" significa que, quando a espada longa do inimigo e a sua espada longa se chocam, você deve golpear com toda a força possível, sem elevar a espada o mínimo que seja. Para isso, será preciso golpear rapidamente com suas mãos, o corpo e as pernas — todos com violência. Se treinar bastante, você será capaz de atacar com violência.

O golpe das folhas vermelhas

O golpe das "Folhas Vermelhas"[39] exige que se rebata a espada do inimigo para baixo. Quando o inimigo adota uma atitude de espada longa à sua frente e demonstra intenção de golpear, arremeter e bloquear, você deve golpear violentamente a espada dele com o golpe das "Folhas Vermelhas", talvez no espírito de "Nenhum Esquema, Nenhuma Ideia". Se você rebater a ponta da espada dele para baixo como se quisesse grudá-la ao chão, ele será obrigado a largá-la. Treinando este golpe, você não terá dificuldade em fazer com que o inimigo largue a espada. É preciso treinar repetidamente.

O corpo em lugar da espada longa

Lembro-me também do "Corpo em Lugar da Espada Longa". Em geral, ao golpear o inimigo, movimentamos o corpo e a espada ao mesmo tempo. Entretanto, dependendo do estilo de ataque do adversário, podemos arremeter para ele primeiro com o corpo, golpeando-o em seguida com a espada. Se o corpo dele ficar imóvel, você pode golpear logo com a espada longa, porém o mais comum é que você ataque primeiro com o corpo e só então use a espada longa. Você precisa estudar bem este aspecto e treinar os golpes.

Golpear e talhar

Golpear (ou cortar) e talhar são duas coisas diferentes. Seja qual for o método de golpe (ou corte) adotado, ele é sempre decidido, resoluto. O talho não é mais do que tocar o inimigo. Mesmo que você talhe com força, e mesmo que o inimigo morra instantaneamente, você ainda assim estará talhando. Quando se golpeia, o espírito está resoluto. Pense bem nisso. Se você talhar primeiro as mãos ou pernas do inimigo, complemente o ataque golpeando (cortando) com força. O espírito de talhar é o de tocar. Compreendendo isso, você não mais distinguirá talhar de tocar. Aprenda bem este detalhe.

Corpo de macaco chinês[40]

O "Corpo de Macaco Chinês" é o espírito de não esticar os braços. O espírito correto é o de fechar a guarda rapidamente, sem a menor extensão dos braços, antes que o inimigo golpeie. Concentrando-se em não esticar os braços, você atingirá o máximo de eficácia, e o espírito se fechará juntamente com o corpo inteiro. Assim que o inimigo estiver ao alcance de seus braços, será fácil avançar com o corpo. Você deve estudar bem este aspecto.

Corpo de cola e laca

O espírito do "Corpo de Cola e Laca"[41] é o de grudar no inimigo e não se separar dele. Quando se aproximar do seu adversário, "grude" nele firme com a cabeça, o corpo e as pernas. As pessoas costumam avançar a cabeça e as pernas depressa demais, deixando o corpo atrasado. E é imprescindível que não haja o menor espaço entre o corpo do inimigo e o seu corpo. Estude muito bem este princípio.

Lutar pela altura

Por "Lutar pela Altura" refiro-me a que, quando arremeter sobre o inimigo, você precisa se esforçar para ter uma altura superior, sem se encolher. Estique as pernas, os quadris e o pescoço face a face com ele. Quando se pensa que a vitória é certa, e quando se está mais alto, o golpe sai mais forte; é este o momento do ataque. Você precisa aprender isso.

A sensação de grudar

Quando você e o inimigo atacarem com a espada longa, aprenda a perceber a sensação de grudar, colando sua espada longa à do inimigo ao aparar o golpe dele. O espírito de grudar no inimigo não pede que se golpeie de maneira que as espadas não possam se separar facilmente. É melhor ter um enfoque bem calmo, o mais calmo possível, ao atingir a espada longa do inimigo com esse espírito de "grudar". A diferença entre "grudar" e "terçar" está em que espadas grudadas ficam firmes e espadas terçadas ficam instáveis. Você precisa entender bem isso.

O ataque com o corpo

Atacar com o corpo significa avançar para o inimigo aproveitando uma brecha em sua guarda. O espírito é o de golpeá-lo com o corpo inteiro. Vire o rosto um pouco para o lado e golpeie o peito com o ombro esquerdo projetado para a esquerda. Avance com o espírito de arremessá-lo para longe, usando de toda força possível, sincronizando o impacto com a sua respiração. Se dominar este método de ataque ao inimigo, você será capaz de atirá-lo a três ou seis metros de distância. É possível golpear o inimigo até que ele morra. Estude bem isso.

Três maneiras de bloquear um ataque

São três as maneiras de se bloquear um golpe:

A primeira, desviando a espada longa do inimigo para sua direita, como se quisesse arremeter contra os olhos dele, assim que ele desfechar o ataque.

Ou então bloquear o golpe rebatendo a espada longa do inimigo contra o olho direito dele próprio, com a sensação de decepar seu pescoço.

Ou ainda, se você tiver uma espada longa "curta", deixando de se preocupar com o bloqueio da espada longa do inimigo, avançando rapidamente e atacando o rosto dele com a mão esquerda.

São estes os três métodos de bloqueio. E não se esqueça de que é sempre possível cerrar o punho e atacar o rosto do inimigo com a mão esquerda. Mas para isso é necessário treinar bastante.

Apunhalar o rosto

Apunhalar o rosto significa que, ao se defrontar com um inimigo, seu espírito deverá estar voltado para apunhalar o rosto dele, acompanhando a linha das lâminas com a ponta da sua espada longa. Concentrando-se em apunhalar o seu rosto, será possível deixar-lhe vulneráveis o rosto e o corpo. E, quando o inimigo se torna vulnerável, crescem muito as oportunidades de vitória. É preciso que você se concentre nisso. Quando o corpo do inimigo se torna vulnerável durante a luta, se expõe, fica como se você pudesse "montá-lo", a vitória se torna fácil, e por isso você não deve se esquecer de apunhalar o rosto dele. O valor desta técnica só pode ser aproveitado com o treinamento.

Apunhalar o coração

Apunhalar o coração significa que, quando surgirem obstruções em cima ou dos lados, durante a luta, ou quando ficar difícil golpear, você deve arremeter em linha reta contra o inimigo. Apunhale o peito do inimigo sem permitir que a ponta de sua espada longa trema, entrando com o fio da lâmina sobre o corpo dele, com o espírito de desviar a espada do inimigo. O espírito deste princípio costuma ser muito útil quando você se cansa ou por algum motivo sua espada longa não consegue golpear (cortar). É importante que você entenda a aplicação deste método.

Revidar "Tut-TUT!"

Revidar significa que, quando o inimigo tenta o contra-ataque, depois de atacado, você também contra-ataca de baixo para cima, como se arremetesse contra ele, tentando mantê-lo sob seu controle. Você golpeia com um ritmo muito rápido, revidando. Erga a espada com agilidade, "Tut", e golpeie "TUT!". Esta sincronização aparecerá repetidas vezes na troca de golpes. O segredo do revide "Tut-TUT!" é fazer com que o golpe seja simultâneo à elevação da espada longa, como se você arremetesse em linha reta contra o inimigo (como numa estocada, como num ataque frontal). Você precisa aprender bem esta técnica praticando constantemente.

O bloqueio de choque

Por "Bloqueio de Choque" quero dizer que ao enfrentar um inimigo armado de espada você deve receber o golpe dele com sua espada longa, num ritmo ti-dum, ti-dum, provocando o choque de espadas e depois golpeando-o. O espírito do bloqueio de choque não é o bloqueio nem o choque, e sim o choque de sua espada contra a do inimigo, com a intenção precípua de golpeá-lo. Compreendendo a sincronia do choque, por mais violenta que seja a pancada, a ponta de sua espada não recuará nem um milímetro. Você precisa estudar muito para compreender isso.

Há muitos inimigos

"Há Muitos Inimigos"[42] é uma técnica que se aplica aos combates contra muita gente. Saque tanto a espada longa quanto a espada companheira e assuma uma posição bem aberta para a esquerda e para a direita. O espírito deve ser enfrentar os inimigos em todas as direções, pois eles podem vir de todos os lados. Observe a sua ordem de ataque, e enfrente primeiro quem atacar primeiro. Gire os olhos para não deixar um só detalhe passar despercebido e examine atentamente a ordem de ataque, golpeando à esquerda e à direita alternadamente com suas espadas. Esperar seria um erro. Reassuma rapidamente sua atitude em ambos os lados e abata os inimigos à medida que avançarem, atacando cada adversário na mesma direção em que ele o atacar. Em quaisquer circunstâncias, você tem de forçar os inimigos a se agruparem, como se amarrasse uma fieira de peixes e, assim que estiverem amontoados, golpeie-os impiedosamente, sem lhes dar espaço para se movimentarem.

A vantagem na hora da luta

Você pode aprender como vencer por meio da estratégia da espada longa, mas isso não pode ser explicado apenas por escrito. Será preciso praticar muito, a fim de saber como vencer.

Tradição oral:[43] "O verdadeiro Caminho da Estratégia é revelado na espada longa."

Um golpe

Você poderá ter a certeza da vitória com o espírito de "Um Golpe".[44] É difícil atingir esse nível, porém, quando a estratégia não é bem aprendida. Se você treinar suficientemente neste Caminho, a estratégia sairá do seu coração e você terá condições de vencer à vontade. Mas é preciso treinar com esforço.

Comunicação direta

O espírito da "Comunicação Direta" é o meio pelo qual o verdadeiro Caminho da escola NiTo Ichi é recebido e transmitido.

Tradição oral: "Ensine a estratégia ao seu corpo."

Registrarei no livro que aqui se acaba um esboço da escola de esgrima Ichi.

Para aprender a vencer com a espada longa, dentro dos princípios da estratégia, aprenda primeiro os cinco enfoques e as cinco atitudes e absorva naturalmente o Caminho da espada longa com o seu corpo. Você terá de compreender o espírito e a sincronização (noção de tempo), manejar a espada longa com naturalidade e movimentar o corpo e as pernas em harmonia com seu espírito. Quer enfrentando um ou dois homens, você compreenderá o valor que tem a estratégia.

Estude o que foi escrito neste livro, uma coisa de cada vez, e por meio de combates diretos com seus inimigos você penetrará gradualmente no princípio do Caminho.

Deliberadamente, com espírito paciente, absorva a virtude de tudo o que foi ensinado, e de vez em quando erga suas mãos em combate. Mantenha este espírito, sempre que cruzar espadas com um inimigo.

Passo a passo se atravessa uma estrada de mil quilômetros.

Estude a estratégia ano após ano e adquira o espírito do guerreiro. Hoje você vencerá quem foi ontem; amanhã você vencerá homens mais habilidosos, mas para tanto terá de treinar de acordo com este livro, não permitindo que seu coração se desvie do Caminho. Mesmo que você mate um inimigo, se a morte não resultar do que você aprendeu, ela não representará o verdadeiro Caminho.

Se você alcançar o Caminho da vitória, será possível derrotar dezenas de homens. O resto é apenas destreza na esgrima, que pode ser conseguida com batalhas e duelos.

O décimo segundo dia do quinto mês, segundo ano de Shoho (1645).

Teruo Magnojo.

SHINMEN MUSASHI

O Livro do Fogo

Neste Livro do Fogo da escola de estratégia NiTo Ichi descrevo a luta como se fosse fogo.

Em primeiro lugar, saiba que as pessoas pensam de maneira estreita sobre as vantagens da estratégia. Usando apenas as pontas dos dedos das mãos, elas só conhecem a utilidade de sete dos doze centímetros do pulso. Eles permitem que um embate seja decidido à moda de um leque, pela simples envergadura de seus antebraços. Elas se especializam na questão menor da destreza, aprendendo trivialidades como o movimento das mãos e das pernas. Com a espada de treinamento, feita de bambu.[45]

Na minha estratégia, o treinamento para matar os inimigos se faz por meio de muitas lutas — a luta pela sobrevivência, a descoberta do significado da vida e da morte, o aprendizado do Caminho da Espada, a avaliação da força dos ataques e a compreensão do caminho da "lâmina e do sulco" da espada.

Essas técnicas menores não trazem qualquer proveito, principalmente quando se usam armaduras completas.[46] Meu Caminho da Estratégia é o método seguro para a vitória, quando se luta pela vida contra cinco ou dez homens. Não há nada de errado com o princípio de que "um homem pode derrotar dez, e portanto mil homens podem derrotar dez mil". Você tem de estudar isso. É evidente que não se pode juntar mil ou dez mil homens para treinamento diário. Mas você pode tornar-se um mestre da estratégia treinando sozinho, com uma espada, a fim de entender as artimanhas dos inimigos, sua técnica e seus pontos fortes, e dessa maneira avaliar de que modo a estratégia pode ser aplicada para derrotar dez mil homens.

Qualquer pessoa que queira dominar a essência da minha estratégia terá de estudar com grande esforço, treinar de manhã a noite. Só assim conseguirá dar polimento em sua habilidade, tornar-se liberta do eu e alcançar uma perícia extraordinária. Seu poder será miraculoso.

Este é o resultado prático da estratégia.

Dependendo do lugar

Examine o ambiente.

Ponha-se no caminho do sol; isto é, assuma uma posição com o sol pelas costas. Caso isso seja impraticável, pelo menos procure manter o sol de seu lado direito. Num recinto fechado, poste-se com a entrada às suas costas ou do seu lado direito. É imprescindível que haja espaço de sobra para trás, sem obstruções, e espaço livre à sua esquerda; o seu lado direito estará ocupado com a atitude da espada. À noite, se o inimigo puder ser visto, fique de costas para o fogo ou com a entrada à sua direita, e no restante a atitude será a mesma já descrita antes. É importante que você veja o inimigo de cima para baixo e assuma uma posição um pouco mais elevada que a dele. Por exemplo: Kamiza,[47] numa casa, é considerado um local elevado.

Quando chegar a hora da luta, esforce-se sempre por empurrar o inimigo para o seu lado esquerdo. Encurrale-o de encontro a lugares desconfortáveis e faça o possível para mantê-lo de costas para obstáculos incômodos. Quando o inimigo for forçado a assumir uma posição inconveniente, não permita que ele olhe em volta; persiga-o e deixe-o sem ação. Em recintos fechados, empurre-o de encontro a soleiras, lintéis, portas, varandas, colunas e assim por diante, sem lhe dar tempo de avaliar a situação.

Esforce-se sempre para colocar o inimigo em posições nas quais ele não encontre bom apoio para os pés, com obstáculos dos lados etc., utilizando as peculiaridades do lugar para assumir o predomínio da luta. Você precisa estudar e treinar muito este aspecto.

Três métodos para surpreender o inimigo[48]

O primeiro método de surpresa é o ataque, chamado *Ken No Sem* (acuar).

Outro método é o da interceptação do ataque do inimigo, chamado *Tai Non Sem* (aguardar para tomar a iniciativa).

O terceiro se usa quando você e seu adversário atacam juntos. Ele tem o nome de *Tai Tai No Sem* (acompanhar o inimigo e antecipar-se a ele).

Não há outros métodos para se assumir o controle da luta além destes três. Como depois de assumido o controle a vitória se torna rápida, este é um dos aspectos mais importantes da estratégia. São muitos os fatores que precisam ser considerados a respeito da iniciativa. Você tem de se aproveitar ao máximo da situação, penetrando no espírito do inimigo de modo a desvendar a estratégia dele e derrotá-lo. Não há como explicar isso melhor por escrito.

O Primeiro — Ken No Sem

Quando você se decidir pelo ataque, mantenha a calma e golpeie com rapidez, surpreendendo o inimigo. Ou então avance com aparente violência mas com o espírito reservado, surpreendendo-o com a reserva.

Uma alternativa seria avançar com o espírito mais forte possível e, quando chegar ao inimigo, movimentar os pés um pouco mais depressa que o normal, desequilibrando-o e golpeando-o profundamente.

Ou, com o espírito calmo, atacar como se esmagasse lentamente o inimigo. O espírito é o de vencer até as entranhas do inimigo.

Tudo isso é *Ken No Sem*.

O Segundo — Tai No Sem

Quando o inimigo atacar, permaneça imperturbável, mas finja fraqueza. Assim que ele chegar suficientemente perto, faça um movimento súbito de fuga, indicando que pretende recuar para um dos lados, e depois desfeche um ataque fulminante assim que perceber o inimigo relaxar.

Ou, quando o inimigo atacar, ataque com mais força ainda, aproveitando-se da má sincronia que ele demonstra na vontade de vencer.

Este é o princípio *Tai No Sem*.

O Terceiro — Tai Tai No Sem

Quando o inimigo fizer um ataque rápido, você terá de atacar com força e com calma, visando ao ponto fraco que surgir quando ele se aproximar, e assim derrotá-lo inapelavelmente.

Ou, se o inimigo atacar com calma, observe seus movimentos e, com o corpo solto, flutuante, entre no mesmo ritmo à medida que ele se aproximar. Aja com rapidez e golpeie com força.

Este é o *Tai Tai No Sem*.

Tudo isso não pode ser explicado em palavras. Você terá de estudar na prática o que está escrito aqui. Você tem de avaliar a situação. Nem sempre vale ser o primeiro a atacar; mas, se o inimigo atacar primeiro, você pode inverter a situação. Na estratégia, ganha quem surpreende o inimigo, e portanto você precisa praticar muito bem tudo isso.

Prender a almofada

"Prender a Almofada"[49] significa não permitir que a cabeça do inimigo se levante.

Nos combates de estratégia, é um erro ser controlado pelo inimigo. Você tem sempre de controlá-lo, levá-lo para onde deseja. Obviamente, o inimigo estará pensando a mesma coisa, mas você poderá surpreendê-lo se não permitir que faça o que pretende. Na estratégia, é necessário perturbar o inimigo no momento em que ele se prepara para golpear; você deve desviar a espada dele para baixo e arrancá-la da mão quando tentar firmar a pegada. Este é o significado de "Prender a Almofada". Depois de dominado este princípio, sejam quais forem os recursos utilizados pelo inimigo, você estará em condições de prevê-los e reprimi-los. O espírito correto é o de interromper o ataque dele na sílaba "a-", interromper a arremetida dele na sílaba "ar-" e interromper o golpe dele na sílaba "gol-".

O mais importante, na estratégia, é bloquear as ações úteis do inimigo e permitir que ele execute à vontade as ações inúteis. Entretanto, limitando-se a isso, você fica na defensiva.

Primeiro, é preciso agir de acordo com o Caminho, impedindo o desenvolvimento das técnicas do inimigo, atrapalhando seus planos e, em seguida, controlando-o diretamente. Quando conseguir realizar isso, você terá se transformado num mestre da estratégia. Treine tanto quanto possível e estude muito bem como "Prender a Almofada".

Cruzar o riacho

"Cruzar o Riacho" significa, por exemplo, cruzar o oceano num estreito, ou atravessar centenas de quilômetros de mar num local propício à travessia. Acredito que esse "cruzamento do riacho" acontece com frequência na vida do homem. Ele pode significar o içamento das velas, embora todos os nossos amigos permaneçam no porto; significa conhecer a rota, a resistência do barco e as condições do dia. Quando tudo estiver de acordo, e quando houver talvez um vento favorável, ou um vento de popa, enfune as velas. Se o vento mudar a alguns quilômetros do destino, esteja preparado para remar o quanto for preciso sem as velas.

Se você alcançar este espírito, ele terá aplicação em sua vida cotidiana.

Pense sempre em "cruzar o riacho" e cruzá-lo no ponto mais propício. Também na estratégia é importante "cruzar o riacho". Avalie a capacidade do inimigo e, consciente dos seus próprios pontos fortes, "cruze o riacho" num ponto favorável, da mesma maneira que um navegador experiente sabe escolher a melhor rota. Conseguindo sucesso nessa travessia, o resto fica tranquilo. Cruzar o riacho significa atacar o ponto vulnerável do adversário e colocar-se em posição vantajosa. É assim que se vence na estratégia em grande escala. O espírito de cruzar o riacho é importante, porém, tanto na estratégia em grande escala quanto na estratégia em pequena escala.

Você deve estudar bem esse ponto.

Conhecer o momento

"Conhecer o Momento" significa conhecer a disposição do inimigo em enfrentar a batalha. Ela está ascendente ou descendente?

Observando o espírito dos homens do inimigo e colocando-se na melhor posição, você terá meios de determinar qual é a disposição real deles e movimentar seus próprios homens de acordo com ela. Com este princípio da estratégia, você poderá vencer sempre, lutando de uma posição vantajosa.

No caso de um duelo, é preciso surpreender o inimigo e atacar tão logo seja possível reconhecer sua escola de estratégia, perceber suas qualidades e estimar seus pontos fracos e fortes. Ataque de modo sub-reptício, conhecendo a medida e a modulação do inimigo e adotando a sincronia adequada.

"Conhecer o momento" significa, desde que sua habilidade seja grande, ver as coisas como são. Se você estiver tranquilo quanto à estratégia, não haverá dificuldades para reconhecer as intenções do inimigo e assim dispor de muitas oportunidades de vitória. Estude isto, estude muito isso.

Pisar na espada

"Pisar na Espada" é um princípio usado com muita frequência na estratégia. Primeiro, na estratégia em grande escala, quando o inimigo dispara flechas e tiros e em seguida ataca, é difícil para nós atacarmos quando estamos preocupados em colocar pólvora nos canhões ou preparando a ponta de nossas flechas. Por isso, o espírito correto é o de ataque rápido ao tempo em que o inimigo ainda está disparando flechas e tiros de canhão. O espírito é o de vitória pelos pés, o de pisotear o inimigo assim que ele inicia o ataque.

No combate corpo a corpo, não há como se conseguir uma vitória decisiva com um só golpe, com o sentimento de "ti-dum ti-dum" depois que a espada longa do inimigo já desfechou o ataque. Temos de derrotá-lo no início do ataque, com espírito de pisoteá-lo, a fim de que o ataque não possa mais ser reencetado.

"Pisotear" não significa apenas pisar com os pés. Pisotear com o corpo, pisotear com o espírito e, evidentemente, pisotear e golpear com a espada longa. É importante adquirir o espírito de não permitir ao adversário uma segunda oportunidade de ataque. Este é o espírito da surpresa em seu significado mais amplo. Quando estiver atacando o inimigo, não pense apenas em abatê-lo, mas em não o largar, mesmo depois do ataque. Você deve estudar isso profundamente.

Conhecer o "desabamento"

Tudo pode desabar: casas, corpos e inimigos desabam quando seu ritmo se torna caótico.

Na estratégia em grande escala, quando o inimigo começa a desabar você tem de persegui-lo sem lhe dar chance sequer para respirar. Não se aproveitando do desabamento do inimigo, você lhe dá uma oportunidade de recuperação.

No combate individual, o inimigo às vezes perde a sincronização e desaba. Se você deixar que esta chance de destruí-lo escape, pode ser que ele se recupere e não seja tão negligente depois. Fixe o olhar no desabamento do inimigo e persiga-o, atacando-o de maneira a não deixar margem para recuperação. Isso é indispensável. E o ataque de perseguição é feito com o espírito forte. É preciso arrasar o inimigo de uma forma tal que não haja possibilidade de ele recuperar sua posição. E você precisa saber como arrasar o inimigo completamente.

Tornar-se o inimigo

"Tornar-se o Inimigo" significa ver-se com os olhos do inimigo. As pessoas costumam pensar no ladrão encurralado dentro de uma casa como um inimigo fortalecido. Entretanto, se nos "tornamos o inimigo", veremos que o mundo inteiro está contra nós e que não há saída. Quem está trancado e cercado é o faisão. Quem entra é a águia. Não deixe de pensar sobre isso.

Na estratégia em grande escala, as pessoas estão sempre imaginando que o inimigo é forte, e portanto se mostram cautelosas demais. Porém, se você conta com bons soldados, conhece os princípios da estratégia e sabe como derrotar os inimigos, não há motivo para temores.

Também no combate individual você deve se colocar na posição do inimigo. Se pensar que "estou adiante de um mestre do Caminho, que conhece todos os princípios da estratégia", você estará derrotado de antemão. Pense profundamente nisso.

Soltar quatro mãos

"Soltar Quatro Mãos"[50] é uma técnica usada quando você e o inimigo lutam com o mesmo espírito e a luta não pode ser decidida. Abandone este espírito e vença recorrendo a uma alternativa.

Numa estratégia em grande escala, quando há um espírito de "quatro mãos", você não deve desistir: é a existência do homem. Descarte-se desse espírito imediatamente e vença com uma técnica que o inimigo não espera.

Também em combate individual, se chegar a um impasse de "quatro mãos", derrote o inimigo mudando de espírito e aplicando uma técnica mais adequada à ocasião. Você precisa aprender a avaliar essas situações.

Movimentar a sombra

A técnica de "Movimentar a Sombra" é usada quando não conseguimos discernir o espírito do inimigo.

Na estratégia em grande escala, quando não se consegue ver a posição do inimigo, dá-se a entender um ataque feroz para descobrir seus recursos. Depois de descobertos esses recursos, fica fácil vencê-los com um método diferente.

No combate individual, se o inimigo assumir uma posição traseira ou lateral da espada longa de modo que você não possa perceber a intenção dele, finja um ataque e ele terá de mostrar a espada pensando que consegue perceber o seu espírito. Aproveitando-se do que vier, você terá condições de vencer com tranquilidade. Mas, se for negligente, você se arrisca a perder a sincronia e a noção de tempo. Estude bem isso.

Prender a sombra

"Prender a Sombra" é a técnica mais indicada quando se consegue determinar o espírito de ataque do inimigo.

Na estratégia em grande escala, quando o inimigo se lança ao ataque, dando demonstrações de que está preparado para revidar com violência, você fará com que ele mude de opinião. Depois, alterando seu espírito, derrote-o, surpreendendo-o com o espírito do Nada.

Ou, no combate corpo a corpo (individual), reaja à intenção forte do inimigo por meio de uma sincronia adequada e derrote-o, surpreendendo-o com essa mesma simetria. Estude bem isso.

Passar

Diz-se que muitas coisas passam. O sono passa, os bocejos passam e o tempo também passa.

Na estratégia em grande escala, quando o inimigo está agitado e demonstra uma inclinação a se apressar, não se preocupe. Deixe evidente sua calma completa; o inimigo se surpreenderá com ela e relaxará. Quando perceber que o espírito feroz dele também passou, aniquile-o atacando violentamente com um espírito do Nada.

No combate individual, você pode vencer relaxando o corpo e o espírito para, em seguida, aproveitar-se do momento em que o inimigo relaxar também e atacá-lo com força e rapidez, surpreendendo-o.

O que se chama de "deixar embriagado" é uma técnica parecida. É a capacidade de instilar no inimigo um espírito entediado, descuidado ou fraco. Estude bem esse aspecto.

Provocar a perda de equilíbrio

São muitos os fatores capazes de provocar uma perda de equilíbrio. Um deles é o perigo, outro é o esforço exagerado, e outro mais é a surpresa. Estude bem isso.

Na estratégia em grande escala, é importante provocar a perda de equilíbrio. Ataque sem aviso num ponto em que o inimigo não espera e, enquanto o espírito dele ainda estiver desprevenido, dê seguimento ao ataque, assumindo o controle e derrotando-o.

Ou, no combate individual, comece dando a impressão de ser lento e, em seguida, desfira um ataque fulminante. Sem lhe dar espaço para respirar e para se recuperar da flutuação do espírito, aproveite a oportunidade e aniquile-o. Aprenda a sentir essas flutuações.

Amedrontar

O medo se manifesta com frequência e é decorrente do inesperado.

Na estratégia em grande escala, é possível amedrontar o inimigo não apenas com o que se põe diante dos olhos dele, mas também com gritos, com técnicas que fazem uma força pequena parecer enorme, ou com a ameaça de um flanqueamento sem aviso. Tudo isso amedronta. Você poderá, então, vencer aproveitando-se do ritmo amedrontado do inimigo.

No combate individual, também, as vantagens da surpresa devem ser aproveitadas: amedronte o adversário com seu corpo, com sua espada longa ou com sua voz, para derrotá-lo. Estude bem isso.

Absorver-se

Num combate próximo, em que você e o inimigo lutam cara a cara, e no qual você percebe a impossibilidade de avançar, "absorva-se" no inimigo e torne-se indistinto dele. Aplicando a técnica adequada, você não terá dificuldades para vencer a partir dessa situação.

Nas batalhas que abarcam grande número de pessoas e também em combates mais restritos, quem sabe como "absorver-se" no inimigo geralmente consegue uma vantagem decisiva; o afastamento apenas faria diminuírem as possibilidades de vitória. Estude bem isso.

Atacar os cantos

É difícil movimentar objetos pesados empurrando-os frontalmente, e portanto você deve "atacar os cantos".

Na estratégia em grande escala, é vantajoso atacar as extremidades das forças inimigas. Se as extremidades, os flancos, forem derrotados, o espírito das forças inimigas será derrotado também. Mas para isso você precisa dar seguimento ao ataque quando os flancos cederem.

No combate individual, é fácil vencer quando o inimigo desaba. Isso acontece quando você "ataca os cantos" do corpo dele, e assim o enfraquece. É importante saber como fazer isso, e portanto você deve estudar muito bem esse aspecto.

Lançar confusão

Isso significa que você deve fazer o inimigo perder a firmeza.

Na estratégia em grande escala, podemos usar nossas tropas para confundir o inimigo no campo. Observando o espírito do inimigo, podemos fazê-lo pensar: "Aqui? Ali? Assim? Assado? Depressa? Devagar?" A vitória torna-se líquida e certa quando o inimigo se vê como presa de um ritmo que confunda o seu espírito.

No combate individual, podemos confundir o inimigo atacando com técnicas variadas sempre que surgir uma oportunidade. Finja um golpe ou uma arremetida (ou estocada), ou faça o inimigo supor que você vai entrar em sua guarda; depois que ele se confundir, você poderá vencer sem problemas.

Essa é a essência do combate. Estude-a a fundo.

Os três gritos

Os três gritos estão divididos assim: antes, durante e depois. Grite de acordo com a situação. A voz é parte da vida. Gritamos contra incêndios, contra o vento e contra as ondas. A voz revela energia.

Na estratégia em grande escala, no início da batalha gritamos o mais alto possível. Durante a luta, a voz tem um timbre mais baixo; durante o ataque, outra vez forte. Depois da luta, devemos gritar em honra à vitória. São esses os três gritos.

No combate individual, fingimos um golpe e gritamos "Ei!" ao mesmo tempo para perturbar o inimigo, e acompanhando o grito e a perturbação do inimigo damos início ao golpe da espada longa. Gritamos também depois de termos golpeado o inimigo — já agora para anunciar a vitória. Chama-se a isto *"sem go no koe"* (voz de antes e depois). Nunca gritamos simultaneamente com os floreios da espada longa. Gritamos durante a luta para entrar no ritmo. Estude profundamente esse detalhe.

Misturar-se

Nas batalhas em que exércitos se defrontam, ataque o inimigo nos pontos mais fortes dele e, ao perceber que ele recua derrotado, separe suas forças e ataque outro ponto forte na periferia das forças inimigas. O espírito deste tipo de ataque é como um caminho tortuoso de montanha.

Este método de luta é utilíssimo, também, para um homem que enfrente sozinho vários inimigos. Agrida-os num setor, ou faça-os recuar, e em seguida capte o ritmo, atacando outros pontos fortes à direita e à esquerda, como se percorresse um caminho tortuoso de montanha, sopesando a disposição dos inimigos. Depois que souber por certo o nível deles, ataque com toda a força, sem nenhum sinal de espírito de retirada.

Também no combate individual, utilize esse espírito para confrontar-se com os pontos fortes do inimigo.

O significado de "Misturar-se" é o do espírito de avançar e combater o inimigo, sem recuar um passo sequer. É preciso que você compreenda isso.

Esmagar

Esmagar o inimigo é destruí-lo, sabendo de suas fraquezas.

Na estratégia em grande escala, quando percebemos que o inimigo tem poucos homens, ou que conta com muitos homens, porém com espírito fraco e desorganizado, partimos para esmagá-lo decisivamente. Se o esmagarmos com fraqueza, ele poderá se recuperar. Você precisa entender o espírito do esmagamento, que é como um aperto de mão.

No combate individual, se o inimigo for menos habilidoso do que nós, se seu ritmo for desordenado, ou se tiver recorrido a atitudes de evasão ou retirada, devemos esmagá-lo de imediato, sem respeito por sua presença e sem lhe conceder espaço para respirar. É imprescindível esmagá-lo de uma vez por todas. O fundamental é não permitir que ele recupere posições, por ínfimas que sejam. Estude muito bem este detalhe.

A passagem de montanha a mar

O espírito de "Montanha a Mar" significa que é um erro repetir a mesma coisa várias vezes, ao enfrentar o inimigo. Talvez não haja alternativa quanto à repetição da mesma técnica uma ou duas vezes, mas empregá-la uma terceira vez seria um grande equívoco. Se você fizer um ataque e fracassar, serão poucas as chances de sucesso com a repetição do mesmo enfoque. Se você empregar uma técnica já utilizada antes sem resultado e tornar a não conseguir nada, não haverá alternativa além de mudar o método de ataque.

Se o inimigo estiver pensando nas montanhas, ataque como o mar; se ele estiver pensando no mar, ataque como as montanhas. Estude isso; estude muito bem.

Penetrar as profundezas

Quando estamos nos defrontando com um inimigo, mesmo que saibamos da possibilidade de vitória na superfície com o recurso ao Caminho, se o espírito dele não for aniquilado, ele poderá ser atingido superficialmente e ainda assim continuar incólume por dentro. Com este princípio de "Penetrar as Profundezas", podemos destruir o espírito do inimigo profundamente, desmoralizando-o pela transformação rápida do nosso espírito. Isso acontece com frequência.

Penetrar as profundezas significa penetrar com a espada longa, penetrar com o corpo e penetrar com o espírito. Nada disso pode ser entendido com generalizações.

Depois que tivermos esmagado o inimigo até as profundezas de seu espírito, não haverá necessidade de permanecermos com o espírito excitado. Mas, excluindo-se este caso, em todas as demais circunstâncias não devemos permitir que nosso espírito se dilua. Se o inimigo permanecer com o espírito vivo, porém, será muito difícil derrotá-lo. É preciso que você treine para penetrar tão fundo quanto possível, tanto na estratégia em grande escala quanto no combate individual.

Renovar

"Renovar" diz respeito a momentos em que estamos enfrentando um inimigo e surge um espírito de impasse, sem solução possível. Temos de abandonar nossos esforços, pensar na situação com novo espírito e depois vencer com novo ritmo. Para renovar nosso espírito quando enfrentamos um impasse, não podemos alterar nossas circunstâncias, mas precisamos adquirir outro espírito e vencer utilizando uma técnica diferente.

É preciso pensar, ainda, de que maneira essa renovação se aplica à estratégia em grande escala. Estude bem.

Cabeça de rato, pescoço de boi

"Cabeça de Rato, Pescoço de Boi" significa que, quando estamos enfrentando um inimigo e ambos estamos preocupados com pequenos detalhes, com o espírito emaranhado, não temos alternativa senão pensar no Caminho da Estratégia como sendo tanto a cabeça de rato quanto o pescoço de boi. Sempre que ficamos presos a pequenos detalhes, temos de passar subitamente a um espírito mais amplo.

Esta é uma das essências da estratégia. É preciso que o guerreiro pense dentro desse espírito também em sua vida cotidiana. Não se afaste dele nem na batalha nem no combate individual.

O comandante conhece os soldados

"O Comandante Conhece os Soldados" é uma técnica que se aplica a todos os aspectos do meu Caminho da Estratégia.

Usando a sabedoria da estratégia, pense no inimigo como se ele fosse seus próprios soldados. Pensando nele dessa forma, você saberá levá-lo para onde quiser e persegui-lo até o fim. Você se torna o general, e o inimigo se transforma nos seus soldados. Domine essa técnica sem vacilar.

Soltar a espada

São vários os tipos de espírito que se encaixam na categoria de soltar a espada.

Há também o espírito de vencer sem a espada. Ou o espírito de se contar com uma espada longa e não vencer. Mas esses métodos não podem ser explicados por escrito. Treine, treine muito.

O corpo da pedra[51]

Depois de dominar o Caminho da Estratégia, você estará em condições de transformar seu corpo de um momento para o outro em pedra, e nem dez mil coisas serão capazes de tocá-lo. Este é o corpo da pedra.

Tradição oral: "Ninguém o empurrará."

O que está escrito acima é o que percorre sempre meus pensamentos a respeito da escola Ichi de esgrima, anotado conforme surgiu na consciência. Esta é a primeira vez que escrevo a respeito da minha técnica, e a organização do assunto não está muito boa. É difícil exprimir estes ensinamentos com clareza.

Este livro é um guia espiritual para o homem que deseja dominar o Caminho.

Meu coração se inclinou para o Caminho da Estratégia, desde a juventude. Devotei minha vida ao treinamento da mão, à educação do corpo e à obtenção das muitas atitudes espirituais da esgrima. Se observarmos homens de outras escolas discutindo teoria e se concentrando nas técnicas das mãos, mesmo que pareçam sábios a nossos ouvidos, falta-lhes por inteiro o espírito de verdade.

É evidente que os homens que com eles estudam pensam estar treinando o corpo e o espírito, mas há um obstáculo ao verdadeiro Caminho, e suas influências maléficas permanecem para sempre. É por isso que o verdadeiro Caminho da Estratégia está se tornando decadente e desaparecendo.

O verdadeiro Caminho da esgrima é o ofício de derrotar o inimigo na luta, e nada mais do que isso. Estudando, aprendendo, dominando e obedecendo à sabedoria da minha estratégia, você não precisará nunca ter dúvidas da vitória.

Décimo segundo dia do quinto mês, segundo ano de Shoho (1645).

Teruo Magonojo.

SHINMEN MUSASHI

O Livro do Vento

Na estratégia, você precisa conhecer os caminhos das outras escolas, e portanto escrevi sobre diversas outras tradições de estratégia neste Livro do Vento.

Sem o conhecimento dos caminhos das outras escolas, será difícil conhecer a essência da minha escola Ichi. Observando as outras escolas, encontramos algumas que se especializam em técnicas de força por meio do uso de espadas extralongas. Algumas escolas estudam o caminho da espada curta, conhecido como *kodachi*. Outras ainda ensinam uma grande diversidade de técnicas de espada, considerando atitudes da espada a "superfície" e o Caminho, o "interior".

Mostro com clareza que nenhuma dessas escolas ensina o verdadeiro Caminho; neste livro, falo de seus vícios e virtudes, erros e acertos. Minha escola Ichi é diferente. Outras escolas fazem de certas tarefas seu meio de sobrevivência: plantando flores ou adornando objetos para vendê-las. Com toda a certeza este não é o Caminho da Estratégia.

Alguns dos estrategistas se preocupam apenas com a esgrima, e limitam seu treinamento ao manejo da espada longa e à postura do corpo. Porém, será que basta a destreza para vencer? Esta não é a essência do Caminho.

Neste livro, registrei um a um os pontos insatisfatórios das outras escolas. Estude-os profundamente para que possa apreciar as vantagens da minha escola.

Outras escolas que usam a espada extralonga

Certas escolas demonstram preferência pelo uso de espadas extralongas. Sob o ponto de vista da minha estratégia, elas não podem deixar de ser vistas como escolas fracas. Isso acontece porque elas não compreendem a importância de se golpear o inimigo com todos os meios disponíveis, sejam eles quais forem. Seu instrumento único é a espada extralonga e, confiando na virtude de seu comprimento, elas supõem ser possível derrotar o inimigo a distância.

Neste mundo se diz: "Uma polegada representa vantagem para a mão", porém estas são as palavras vãs de quem não conhece estratégia. Elas revelam a estratégia inferior do espírito fraco que imagina ser possível os homens dependerem do comprimento de sua espada, lutando a distância sem recorrerem à estratégia.

Creio que algum motivo forte haverá para as escolas em questão preferirem espadas extralongas como parte de suas doutrinas, porém, se compararmos este fato com a vida real, sua irracionalidade fica evidenciada. Será que estaríamos derrotados de antemão por não possuirmos uma espada extralonga e termos de nos contentar com uma espada curta?

É difícil para os adeptos da espada extralonga golpear o inimigo em combate próximo em razão do próprio comprimento de sua espada. A trajetória da lâmina é tão larga e ampla que a espada se torna um estorvo, e eles se colocam em desvantagem até diante de um homem armado de espada companheira curta.

Desde a Antiguidade se diz: "Grande e pequeno andam juntos." Por isso não rejeite de antemão a espada extralonga, o que seria um erro também. O que me incomoda é a exigência do uso exclusivo da espada maior. Se considerarmos a estratégia em grande escala, podemos imaginar grandes forças em termos de espadas longas e pequenas forças em termos de espadas curtas. Será que poucos homens não podem dar combate a muitos? São numerosos os casos em que um pequeno grupo derrota forças muito maiores.

Sua estratégia de nada valerá se, quando solicitado a lutar num espaço restrito, seu coração se inclinar para a espada de maior comprimento (seja longa ou extralonga), ou se você estiver numa casa armado exclusivamente com a sua espada companheira. Além disso, alguns homens são mais fracos que outros.

Na minha doutrina, rejeito o espírito estreito e preconceituoso. Estude bem isso.

O espírito forte da espada longa em outras escolas

Você deve raciocinar a respeito de espadas longas fortes e fracas. Manejando sua espada longa com espírito forte — e é isso o que importa — e usando-a com determinação, a vitória virá sem dificuldade.

Se você estiver preocupado com a força da sua espada, é possível que tente golpear com força exagerada, e acabará não conseguindo sequer golpear. Também não é recomendável golpear com força quando se está testando uma espada.

Sempre que cruzar espadas com um inimigo, não pense em golpeá-lo forte ou fracamente, pense apenas em golpeá-lo e matá-lo. Tenha todo o seu pensamento voltado para matar o inimigo. Não tente golpear com força e, obviamente, jamais pense em golpear sem força. Sua única preocupação deve ser matar o inimigo.

Se você confiar na força, quando atingir a espada do inimigo você inevitavelmente a atingirá com força demais. E nesse caso sua própria espada será levada junto com a dele. Por isso o ditado "A mão mais forte vence sempre" não faz sentido.

Na estratégia em grande escala, se você contar com um exército forte e estiver confiando na força para vencer, e se o inimigo também possuir um exército forte, a luta será feroz. O mesmo se aplica aos dois lados.

Sem a utilização do princípio correto, a luta não poderá ser vencida.

O espírito da minha estratégia é vencer por meio da sabedoria da estratégia, sem prestar atenção ao que é insignificante. Estude bem isso.

O uso da espada longa mais curta em outras escolas

O uso da espada longa mais curta não é o verdadeiro Caminho para a vitória.

Antigamente, *tachi* e *katana* significavam espada longa e espada curta, respectivamente. Homens de força superior são capazes de manejar uma espada longa com leveza, e portanto nada há que justifique a preferência por uma espada mais curta. Há também quem ache importante contar com lanças e alabardas mais curtas ou mais longas. Alguns espadachins usam a espada longa mais curta com a intenção de entrarem logo na guarda do inimigo e o apunhalarem enquanto ele ainda floreia sua espada. Esta inclinação é perigosa.

Esperar por um descuido do inimigo é atitude puramente defensiva e indesejável quando o combate se trava a curta distância. Além do mais, não se pode usar o método de penetrar na guarda do inimigo quando se tem pela frente diversos homens — ainda mais contando-se com uma espada curta. Alguns guerreiros acreditam que, se enfrentarem diversos inimigos, contando com uma espada longa mais curta, será possível esgueirarem-se por entre as linhas adversárias brandindo a espada em movimentos largos sem encontrar qualquer obstrução. Esquecem-se, porém, da necessidade de aparar uma infinidade de golpes; o resultado é que acabam presos no combate com o inimigo. Isso não está de acordo com o verdadeiro Caminho da Estratégia.

O Caminho seguro para a vitória em situações desse tipo é afugentar o inimigo e confundir sua formação, forçando-o a saltar para os lados, e mantendo o corpo sempre firme e ereto. O mesmo princípio se aplica à estratégia em grande escala. A essência da estratégia é cair sobre o inimigo em grande número e provocar sua derrota rápida. Em razão do estudo que fazem da estratégia, as pessoas se acostumam a defender-se, fugir e recuar como se isso fosse normal. O hábito cria raízes e pode ser facilmente aproveitado pelo inimigo. O Caminho da Estratégia é direto e seguro. Você tem de colocar o inimigo em fuga e fazer com que obedeça ao seu espírito.

Outras escolas com muitos métodos de uso da espada longa

Creio que outras escolas afirmam haver muitos métodos para se manejar a espada longa; elas dizem isso apenas para granjear a admiração dos iniciantes. Isso equivale a vender o Caminho. É a vileza no rumo da estratégia.

O motivo do erro está em que deliberar sobre as muitas maneiras de se golpear um homem não faz sentido. Para começar, matar não é o Caminho da humanidade. Matar é a mesma coisa para pessoas que sabem lutar e para as que não sabem. É a mesma coisa para mulheres ou crianças, e não há muitos métodos diferentes. Podemos falar em táticas diferentes, como apunhalar, balear etc., mas só isso.

De qualquer forma, golpear o inimigo é o Caminho da Estratégia, e não há necessidade de cercá-lo de refinamentos.

Ainda assim, dependendo do lugar, sua espada longa pode enfrentar obstruções acima ou dos lados, de maneira que você se veja forçado a segurá-la de outro modo a fim de que possa ser usada. São cinco os métodos, em cinco direções. Métodos outros que não estes cinco — torção da mão, curvatura do corpo, salto e assim por diante — não representam o verdadeiro Caminho da Estratégia. A fim de golpear o inimigo, você não precisa recorrer a torções e curvaturas. Tudo isso é absolutamente inútil. Na minha estratégia, faço questão de manter o espírito e o corpo retos, fazendo com que o inimigo se torça e se curve. O espírito correto é o de vencer atacando o inimigo quando o seu espírito está distorcido. É preciso estudar bem esse princípio.

O uso das atitudes da espada longa em outras escolas

Atribuir uma grande importância às atitudes da espada longa é pensar de maneira equivocada. O que é conhecido vulgarmente como "atitude" só se aplica quando não há inimigo. O motivo está em que se criou um precedente desde a Antiguidade, e não faz sentido falar-se na "maneira moderna" de fazer isso ou aquilo durante os duelos. Importante mesmo é colocar o inimigo em posições desvantajosas.

As atitudes dizem respeito a situações nas quais você não pode ser deslocado. Ou seja: cerco a castelos, formações de batalha e outras mais, revelando uma determinação inamovível mesmo diante do ataque mais forte. No Caminho dos duelos, entretanto, você tem de estar sempre atento à necessidade de tomar a iniciativa e atacar. A atitude é o espírito de aguardar pelo ataque. Pense bem nisso.

Nos duelos de estratégia, você tem de modificar a atitude do inimigo. Ataque quando o espírito dele estiver desguarnecido, confunda-o, irrite-o e atemorize-o. Aproveite-se do ritmo indeciso do inimigo quando ele estiver perturbado, e sua vitória estará assegurada.

Não gosto do espírito defensivo que se costuma rotular de "Atitude". É por isso que no meu Caminho há uma coisa chamada "Atitude sem Atitude".

Na estratégia em grande escala, posicionamos nossas tropas para a batalha, considerando a força de que dispomos, observando a força do inimigo e aproveitando detalhes do campo de batalha. Este é o início.

O espírito de ser o primeiro a atacar é completamente diferente do espírito de aguardar pelo ataque do adversário. Suportar bem um ataque, com uma atitude forte, e defender-se bem do ataque do inimigo é como construir uma muralha de lanças e alabardas. Quando se ataca o inimigo, por outro lado, o espírito deve ir até o ponto de se arrancarem as estacas das paredes para usá-las como alabardas e lanças. Estude bem isso.

Fixação do olhar nas outras escolas

Algumas escolas afirmam que os olhos devem ficar fixos na longa espada do inimigo. Algumas escolas fixam os olhos nas mãos. Outras no rosto, outras ainda nos pés, e assim por diante. Se você fixar os olhos nesses locais, seu espírito ficará confuso e sua estratégia sairá prejudicada.

Explicarei este aspecto em detalhes. Os futebolistas[52] não fixam os olhos na bola, mas por uma boa estratégia de campo sabem desempenhar-se bem. Quando você se acostuma a fazer algo, nada o obriga a ficar limitado ao uso dos olhos. Os melhores músicos têm a partitura diante do nariz, por assim dizer; para dominarem o Caminho, os guerreiros floreiam a espada como bem entendem, mas isto não significa que tenham de fixar os olhos nestes pontos específicos, ou que façam movimentos inúteis com a espada. Isto significa apenas que eles aprenderam a ver naturalmente.

No Caminho da Estratégia, depois de lutar muitas vezes, você terá condições de avaliar facilmente a velocidade e a posição da espada do inimigo e, depois de ter dominado o Caminho, perceberá o peso do seu espírito. Na estratégia, fixar os olhos significa desvendar o coração do homem.

Na estratégia em grande escala, o que deve ser observada é a força do inimigo. "Percepção" e "visão" são duas maneiras de ver. A percepção implica uma concentração intensa no espírito do adversário, a observação das condições do campo de batalha, a fixação aguda do olhar, acompanhamento do desenrolar da luta e as alterações do combate. Este é o caminho mais seguro para a vitória.

No combate individual, você não tem a obrigação de fixar o olhar em detalhes. Como já disse antes, se você fixar o olhar em detalhes e descuidar de coisas importantes, seu espírito se confundirá e a vitória escapará de suas mãos. Estude muito bem esse princípio e treine com dedicação.

O uso dos pés nas outras escolas

São vários os métodos de movimentação dos pés: pé flutuante, pé saltador, pé calcado, pé de corvo e outros mais.

Sob o ponto de vista da minha estratégia, todos eles são insatisfatórios.

Não gosto do pé flutuante porque os pés tendem a flutuar demais durante a luta. O Caminho tem de ser trilhado com firmeza.

Não gosto também do pé saltador, porque incentiva o hábito de saltar e o espírito fica agitado. Não há justificativa real para os saltos; portanto, saltar é um erro.

O pé saltitante cria um espírito saltitante, e por isso indeciso.

O pé calcado é um método de "espera", razão pela qual o condeno particularmente.

Fora estes métodos, há vários outros para se andar rápido como o pé de corvo etc.

Algumas vezes, entretanto, você travará combate em alagados, pântanos, várzeas, terrenos pedregosos ou estradas estreitas, em situações nas quais não poderá saltar nem movimentar os pés com rapidez.

Na minha estratégia, o trabalho com os pés é inalterável. Ando sempre da mesma maneira como ando na rua. Você não pode nunca perder o controle dos pés. De acordo com o ritmo do inimigo, movimente-se mais rápido ou mais devagar, sem ajustar seu corpo demais nem de menos.

A movimentação dos pés também é importante na estratégia em grande escala. Isso acontece porque, se você atacar apressadamente, impensadamente, sem conhecer o espírito do inimigo, seu ritmo se esfacelará e você não terá como vencer. Ou então, se você avançar com lentidão excessiva, não será possível aproveitar a desorganização do inimigo e a oportunidade de vitória escapará; você não terá condições de encerrar a luta rapidamente. O Caminho da vitória é aproveitar a desordem e o tumulto do inimigo, não lhe dando a mínima chance de recuperação. Treine bem isso.

A velocidade em outras escolas

A velocidade não faz parte do verdadeiro Caminho da Estratégia. A velocidade implica que as coisas pareçam rápidas ou lentas, dependendo de estarem ou não dentro do ritmo. Seja qual for o seu Caminho, um mestre da estratégia não dará a impressão de ser rápido.

Algumas pessoas conseguem cobrir até 190 quilômetros em um dia, mas isso não significa que corram sem parar da manhã à noite. Corredores sem prática podem dar a impressão de estarem correndo o dia inteiro, mas seu desempenho é fraco.

No Caminho da dança, artistas de talento conseguem cantar dançando, porém, quando iniciantes tentam fazer o mesmo, retardam os movimentos e seu espírito se torna confuso. A melodia do *Velho Pinheiro*[53] tocada num tambor de couro é tranquila, mas quando iniciantes tentam fazer o mesmo eles retardam o movimento e seu espírito se torna confuso. Pessoas muito habilidosas conseguem enfrentar ritmos rápidos, porém, bater com pressa não é a mesma coisa; bater com pressa é um erro. Se você tentar bater depressa demais, o ritmo se perderá. Evidentemente, a lentidão é um erro também. Pessoas verdadeiramente habilidosas nunca perdem o ritmo, nunca saem do tempo e são sempre decididas, nunca se permitindo ficar confusas. Por meio desse exemplo, o princípio fica claro.

O que se chama normalmente de velocidade não tem lugar no Caminho da Estratégia. O motivo desta afirmação está em que, dependendo do lugar (campo, ou pântano, e assim por diante), talvez não seja possível movimentar o corpo e as pernas juntos e com rapidez. Muito menos será possível golpear com rapidez nessas circunstâncias, se a arma é uma espada longa. Se você tentar golpear com rapidez, como se tivesse nas mãos um leque ou uma espada curta, o resultado será a impossibilidade de golpear. Não se esqueça disso.

Também na estratégia em grande escala, um espírito rápido e confuso é indesejável. O espírito tem de ser o de "Prender a Almofada", quando então você não se atrasará nem um pouco.

Quando seu adversário estiver dando mostras de pressa evidente, acompanhada de imprudência, faça exatamente o contrário e mantenha a calma. Não se deixe influenciar por seu adversário. Treine com toda a dedicação para atingir esse espírito.

"Interior" e "superfície" nas outras escolas

Não há "interior" nem "superfície" na estratégia.

As realizações artísticas costumam reivindicar um significado interior e uma tradição secreta, e um "portal";[54] mas no combate não há sentido em falar-se de luta na superfície ou golpe com o interior. Quando ensino o meu Caminho, começo pelas técnicas que o aluno é capaz de entender com facilidade, com uma doutrina mais acessível. Pouco a pouco, esforço-me para explicar o princípio profundo, pontos de compreensão quase impossível, de acordo com o progresso do aluno. Mas nunca, sob hipótese alguma, já que o caminho da compreensão é o caminho da experiência, falo em "interior" e "portal".

Neste mundo, se você for para as montanhas e decidir-se a penetrar cada vez mais fundo, acabará emergindo no portal, na entrada. Seja qual for o Caminho, ele tem um interior, e algumas vezes é conveniente indicar o portal. Na estratégia, porém, não podemos apontar o que está oculto e o que está visível.

Pelo mesmo motivo, não gosto de transmitir meu Caminho por meio de juramentos e regras escritas. Percebendo a habilidade de cada aluno, ensino o Caminho direto, elimino as más influências de outras escolas e gradualmente os introduzo no verdadeiro Caminho do guerreiro.

Meu método de ensinar é apenas o uso da fidelidade do espírito. É imprescindível treinar com esforço.

Tentei registrar aqui um esboço da estratégia das outras escolas, em nove seções de texto. Eu poderia prosseguir agora fazendo um relato específico de cada uma delas, do "portal" ao "interior", mas intencionalmente deixei de dar nome a essas escolas ou de identificar seus principais aspectos. O motivo está em que ramificações diferentes dessas mesmas escolas dão interpretações diferentes das doutrinas a que obedecem. Assim como as opiniões dos homens diferem, o mesmo assunto permite pontos de vista diferentes. Por isso a concepção de homem algum é válida para representar uma escola.

Mostrei tendências gerais das outras escolas em nove pontos. Se as encararmos sob um ponto de vista honesto, veremos que as pessoas tendem a preferir espadas longas ou espadas curtas e a se preocupar com a força tanto em questões pequenas quanto grandes. Você perceberá, então, por que não me ocupo aqui dos "portais" das outras escolas.

Na minha escola Ichi da espada longa, não há portal nem interior. Não há significados ocultos nas atitudes das espadas. Basta manter o espírito verdadeiro para alcançar a virtude da estratégia.

Décimo segundo dia do quinto mês, segundo ano de Shoho (1645).

Teruo Magonojo.

SHINMEN MUSASHI

O Livro do Nada

O Caminho Ni To Ichi da Estratégia está registrado neste Livro do Nada.

O que se chama espírito do nada é o que não é nada, é onde não há nada. Evidentemente, o nada é o vazio. Conhecendo as coisas que existem, você pode conhecer as que não existem. Isto é o nada.

As pessoas deste mundo veem as coisas equivocadamente, e pensam que o que não compreendem deve ser o nada. Mas esse não é o nada verdadeiro. É apenas confusão.

Também no Caminho da Estratégia, os que estudam como guerreiros pensam que tudo o que não podem compreender em seu ofício é o nada. Esse não é o nada verdadeiro.

Para alcançar o Caminho da Estratégia como guerreiro, você terá de estudar a fundo outras artes marciais e não se desviar nem um pouco do Caminho do guerreiro. Com o espírito tranquilo, acumule experiência dia a dia, hora a hora. Dê polimento à mente e ao coração, e aprofunde o olhar de percepção e visão. Quando seu espírito estiver isento de toda turvação, quando as nuvens da desordem se dissiparem, você conhecerá o verdadeiro Nada.

Até compreender o Caminho verdadeiro, seja no budismo ou no bom senso, você talvez pense que as coisas estão corretas e ordenadas. Entretanto, se olharmos para as coisas com objetividade, sob o ponto de vista das leis do mundo, veremos diversas doutrinas que se afastam do Caminho verdadeiro. Conheça bem este espírito, com a retidão como base e o espírito verdadeiro como Caminho. Aplique a estratégia com amplitude, correção e discernimento.

E então você começará a pensar nas coisas sob um ângulo mais aberto, e a entender o Nada como o Caminho, e verá o Caminho como o Nada.

No Nada está a virtude, e nenhum mal. A sabedoria tem existência, o princípio tem existência, o Caminho tem existência, o espírito é o vazio.

Décimo segundo dia do quinto mês, segundo ano de Shoho (1645).

Teruo Magonojo.

SHINMEN MUSASHI

Notas

¹ *Caminho*: O caráter de Caminho se lê "Michi" em japonês, ou "Do" na escrita de base chinesa. Ele é equivalente ao chinês "Tao" e significa toda a vida do guerreiro, sua devoção à espada, seu lugar na burocracia recendente a Confúcio do sistema Tokugawa. Ele é a estrada para o cosmos; não somente um programa ético para que o artista e o sacerdote orientem suas vidas, mas as pegadas divinas de Deus apontando o Caminho.

² *Estratégia*: "Heiho" é uma palavra de derivação chinesa que significa estratégia militar: "Hei" significa soldado e "Ho" significa método ou forma.

³ *Preito ao céu*: "Tem" ou céu significa a religião xintoísta. Xinto, a palavra composta dos caracteres "Kami" (Deus) e "Michi" (caminho), é a velha religião do Japão. No xintoísmo há muitas divindades, deuses do aço e fermentação, lugar e indústria, e assim por diante, até os primeiros deuses, ancestrais da linhagem imperial.

⁴ *Kwannon*: Deus(a) da misericórdia no budismo.

⁵ *Arima Kihei*: Da escola Xinto. Veja nota 15.

⁶ *Todas elas sem nenhum mestre*: Havia tradições artísticas institucionalizadas para as artes no período Muromachi, um sistema de graus e licenças e antiguidade, que se perpetuaram provavelmente com maior rigidez sob a burocracia dos Tokugawas. Musashi estudou diversas artes em diversas escolas, mas quando, depois de sua iluminação, ele deu curso a seus

estudos, já havia um hiato intransponível entre seu método e os ensinamentos tradicionais. Eis suas palavras finais no livro do Nada: "E então você começará a pensar nas coisas sob um ângulo mais aberto, e a entender o Nada como o Caminho, e verá o Caminho como o Nada."

[7] *Espírito*: "Shin" ou "Kokoro" já foi traduzido como "coração", "alma" ou "espírito". Outras possibilidades seriam sentimento, atitude. Diz-se sempre que "A espada é a alma do samurai".

[8] *A hora do tigre*: Anos, meses e horas recebiam nomes segundo o antigo sistema zodiacal chinês.

[9] *Waka*: O poema de trinta e uma sílabas. A palavra significa "Canção do Japão" ou "Canção em Harmonia".

[10] *Chá*: A arte de beber chá é estudada em escolas, tal como a esgrima. Ela tem todo um ritual próprio, baseado em regras simples mas refinadas, reunindo algumas pessoas numa sala pequena.

[11] *Arco e flecha*: O arco era a arma principal dos samurais dos períodos Nara e Heiano, sendo posteriormente suplantado pela espada. O arco e flecha é praticado como um ritual, a exemplo da espada e do chá. Hachiman, o Deus da Guerra, é retratado muitas vezes como um arqueiro, e o arco aparece frequentemente como parte da parafernália dos deuses.

[12] *Da pena à espada*: "Bunbu Itchi" ou "Pena e espada em comum acordo" é um ditado apresentado numerosas vezes em exemplos caligráficos. Os rapazes do período Tokugawa eram educados apenas na escrita dos clássicos chineses e no exercício da esgrima. Na realidade, a pena e a espada abrangiam toda a vida da nobreza do Japão.

[13] *Aceitação resoluta da morte*: Esta ideia pode ser resumida como a filosofia exposta no Ha Gakure, ou "Folhas Ocultas", um livro escrito no século XVII por Yamamoto Tsunenori e

alguns outros samurais da província Nabeshima Han, antiga Saga. Sob o governo dos Tokugawas, a imposição da lógica confuciana influenciou a cultura japonesa e assegurou a estabilidade entre os samurais, porém implicou também o abandono de alguns aspectos do Bushido. A disciplina tanto para samurais quanto para plebeus tornou-se mais frouxa. Yamamoto Tsunenori fora conselheiro de Mitsushige, senhor de Nabeshima Han, durante muitos anos, e quando da morte de seu senhor quis cometer suicídio junto com sua família da maneira tradicional. Esse tipo de suicídio estava estritamente proibido pela nova legislação e, roído pelo remorso, Yamamoto retirou-se entristecido para as cercanias de Nabeshima Han. Ali ele encontrou outros que haviam passado pela mesma provação, e juntos escreveram um lamento sobre o que consideravam ser a decadência do Bushido. Sua crítica é um comentário revelador sobre as transformações por que passou o Japão à época de Musashi: "Não há outra maneira de se descrever o que um guerreiro deve fazer, exceto mostrar que ele deve se ater ao Caminho do guerreiro (Bushido)." Constato, porém, que todos os homens fogem dessa obrigação. São poucos os que sabem responder rapidamente à pergunta: "Qual é o Caminho do guerreiro?" E não sabem responder porque o desconhecem em seus corações. Daí vemos que não trilham o Caminho do guerreiro. E pelo Caminho do guerreiro falamos da morte. Ele implica escolher a morte sempre que há possibilidade de escolha entre vida e morte. Ele não significa nada além disso. Ele significa ir até o fundo das coisas, resolvê-las todas. Ditados como "Morrer sem realizar suas intenções é morrer inutilmente" e outros semelhantes são modelos de um Bushido fraco, de Kyoto e Osaka. Há uma dúvida sobre a obediência ao plano original quando surge pela frente uma questão de vida ou morte.

Todo homem quer viver. Eles teorizam sem nunca esquecer a vontade de ficar vivos. "O homem que continua vivendo sem realizar sua intenção é um covarde" não passa de uma definição despida de sentimento. E dizer que morrer fracassado é morrer inutilmente é um ponto de vista alucinado. Isso nunca foi vergonha. Isso é o que há de mais importante no Caminho do guerreiro. Quem mantiver o espírito são da manhã à noite, acostumado à ideia da morte e resoluto quanto à morte, e se considerar um corpo morto, formando uma identidade com o Caminho do guerreiro, viverá a vida sem possibilidade de fracasso e desempenhará sua tarefa com propriedade.

"O Servidor deve cuidar atentamente dos negócios do senhor. O homem que pensa assim é excelente servidor. Nessa casa viveram gerações de esplêndidos cavalheiros, e estamos todos profundamente marcados por sua gentileza afetuosa... todos os nossos ancestrais. O que fizeram foi simplesmente abandonar corpo e alma pelo bem de seu senhor."

"Além do mais, nossa casa se destaca em sabedoria e conhecimentos técnicos. Que alegria, se tudo isso pudesse ser usado para nosso proveito."

"Até mesmo um homem inadaptável, completamente inútil, será um servidor de toda confiança se nada mais fizer que não pensar atentamente no bem-estar de seu senhor. Pensar apenas nas vantagens práticas da sabedoria e da tecnologia é vulgar."

"Alguns homens são propensos a ter inspirações súbitas. Alguns homens não têm boas ideias a todo minuto, mas chegam à resposta por meio de uma lenta ponderação. Se investigarmos o centro da questão, ainda que cada pessoa tenha capacidades diversas das outras pessoas, nunca esquecendo os Quatro Juramentos, quando nosso pensamento se elevar acima da preocupação com nosso próprio bem-estar, a sabedoria, independentemente do pensamento, se manifestará. Quem analisa profundamente as coisas, embora possa avaliar com cuidado o futuro, acabará, no mais das vezes, raciocinando em torno de seu próprio bem-estar. E como resultado desse tipo de pensamento mau, a pessoa só agirá mal. É dificílimo que os vãos e os tolos se elevem acima de seu próprio bem-estar."

"Portanto, quando você se dedicar a algum empreendimento, antes de se pôr a caminho, fixe sua intenção nos Quatro Juramentos e deixe para trás o egoísmo. Assim você jamais fracassará."

"Os Quatro Juramentos: Nunca falte ao respeito para com o Caminho do guerreiro. Seja útil ao senhor. Respeite seus pais. Vá além do amor e da tristeza: exista pelo bem do homem."

[14] *Nossos senhores*: Referência aos daimyos, que empregavam grande número de samurais para sua defesa (veja nota anterior).

[15] *Kashima Kantori*: As escolas originais de Kendo podem ser encontradas nas tradições preservadas em santuários xintoístas. Muitos dos ancestrais da escola estão enterrados na região de Kanto, não muito distante de Tóquio, onde os santuários de Kashima e Kantori se encontram até hoje. Arima Kihei, o samurai que Musashi matou com treze anos de idade, era um esgrimista da escola xintoísta associada aos santuários. A escola Yagyu derivou do estilo Kashima. O xintoísmo era a religião do esforço na vida cotidiana, e os Deuses da Guerra entronizados em Kashima e Kantori são invocados ainda hoje como parte dos exercícios diários da escola xintoísta.

[16] *Dojo*: "Dojo" significa "lugar do Caminho", a sala onde alguma coisa é estudada.

[17] *Quatro Caminhos*: Veja a Apresentação, onde estão explicadas as quatro classes da sociedade japonesa.

[18] *Carpinteiro*: Todos os prédios do Japão, excluindo-se as muralhas dos grandes castelos, que surgiram algumas gerações antes do nascimento de Musashi, eram de madeira. "Carpinteiro" significa arquiteto ou construtor.

[19] *"Quatro Casas"*: A família Fujiwara possuía quatro ramificações e dominou o Japão no período Heiano. Havia também quatro escolas de chá diferentes.

[20] *Casa guerreira*: As famílias guerreiras que controlaram o Japão durante a maior parte de sua história mantinham exércitos particulares, cada qual com seu comandante próprio.

[21] *Portas corrediças*: Os prédios japoneses usam com máxima liberalidade as portas corrediças, paredes intercambiáveis e painéis de madeira que, no passado, eram postos sobre as aberturas das portas durante a noite ou durante o inverno.

[22] *Tal como o soldado, o carpinteiro afia suas ferramentas, seus instrumentos de trabalho*: O afiamento e o polimento da espada japonesa são um trabalho realizado, hoje, apenas por especialistas, mas provavelmente era uma arte mais difundida nos tempos de guerra. Se a espada for polida com imperfeição e a superfície da lâmina tiver forma incorreta, ainda que muitíssimo afiada, ela jamais conseguirá cortar boas armas e armaduras.

[23] *Pequenos santuários*: Os pequenos santuários dedicados aos deuses xintoístas são encontrados em todos os lares japoneses.

[24] *Cinco livros*: Go Rin No Sho significa um livro de cinco anéis. Os "Go Daí" do budismo são cinco elementos que compõem o cosmos (Os Cinco Grandes): terra, água, fogo, vento e nada. Os "Go Rin" (Cinco Anéis ou Cinco Círculos) do

budismo são as cinco partes do corpo humano: cabeça, cotovelo esquerdo, cotovelo direito, joelho esquerdo e joelho direito.

[25] *Vento*: O caráter japonês que representa "vento" também significa "estilo".

[26] *Nada*: O Nada, ou o Vazio, é o nome dado pelo budismo à natureza ilusória das coisas terrenas.

[27] *Duas espadas*: Os samurais usavam duas espadas enfiadas na faixa da cintura com a lâmina voltada para cima pelo lado esquerdo. A espada mais curta, ou espada companheira, nunca era abandonada, enquanto a espada longa só era usada em ambientes abertos. De tempos em tempos, criavam-se no Japão leis regulamentando o estilo e o comprimento das espadas. Os samurais podiam portar duas espadas, mas as outras classes só tinham permissão de usar uma como proteção contra salteadores de estrada (veja a Apresentação). Os samurais deixavam suas espadas curtas à cabeceira da cama quando se deitavam, e havia prateleiras especiais para a espada longa em todo vestíbulo de casa de samurai.

[28] *Lança e alabarda*: As técnicas de luta com lança e alabarda são idênticas às da luta com espada. As lanças adquiriram popularidade pela primeira vez no período Muromachi, acima de tudo como armamento para grandes grupos de infantaria, e mais tarde tornaram-se objetos de decoração nas procissões de daimyos entre seus domínios e a capital no período Tokugawa. A lança era usada para corte e estocada, mas não para arremesso.

A alabarda e outros armamentos semelhantes com lâminas curvas compridas eram usados com eficácia contra a cavalaria, principalmente, e acabaram sendo adotados por mulheres na defesa de seus lares quando da ausência dos maridos e outros homens da localidade. A arte de seu uso é ainda hoje estudada por grande número de mulheres.

²⁹ *Canhão*: O canhão japonês era do tipo arcabuz, levado para o país por missionários. O arcabuz continuou sendo usado no Japão até o século XIX.

³⁰ *Dança*: São vários os tipos de dança. Há danças festivas, como a dança da colheita, que possuem características locais e são repletas de cor, das quais participam, às vezes, muitas pessoas. Há o teatro Noh, no qual poucas pessoas representam, e onde são utilizados movimentos estilizados. Há, ainda, a dança do leque e a dança da espada.

³¹ *Técnicas de recinto fechado*: A maioria dos Dojos ficava em recinto fechado, cercado de um alto grau de formalidade e ritual, afastados dos olhos curiosos das escolas concorrentes.

³² *Teruo Magonojo*: O discípulo, às vezes chamado de Teruo Nobuyuki, a quem Musashi dirigiu *Go Rin No Sho*.

³³ *Teste de espada*: As espadas eram testadas por profissionais altamente especializados. A espada era colocada num suporte próprio e faziam-se cortes de teste em corpos, fardos de feno, armaduras, lâminas metálicas etc. Em algumas espadas antigas, encontraram-se marcas indicando a "nota" dada a elas por quem as avaliou.

³⁴ *Trabalho dos pés*: Escolas diferentes adotavam métodos de movimentação também diferentes. Yin-Yang, ou In-Yo, em japonês, significa fêmea-macho, treva-luz, direita-esquerda. Musashi advoga um estilo de passo de "naturalidade", embora seja enfático quanto ao significado desses parâmetros; a questão do pé esquerdo e do pé direito surge no Livro do Vento do *Go Rin No Sho*. Antigas escolas de jiu-jítsu advogam a realização do primeiro ataque com o lado esquerdo para a frente.

³⁵ *O Caminho da espada longa*: O Caminho como meio de vida, como o trajeto natural da lâmina de uma espada. Há um movimento natural da espada associada a um comportamento natural, de acordo com a ética Kendo.

³⁶ *Leque*: Utensílio carregado por homens e mulheres nos meses quentes do verão. Os militares de armadura às vezes usavam leques de guerra, feitos de ferro.

³⁷ *Os Cinco Enfoques*: Quem pode entender os métodos de Musashi? É preciso estudar as escolas tradicionais e as técnicas básicas de golpe. Lembre-se sempre de que a técnica de combate pode começar a uma distância maior do que parece à primeira vista. Diz-se que o homem que encarou a morte na ponta de uma espada adquire um conhecimento mais elevado da vida.

³⁸ *Nenhum Esquema, Nenhuma Ideia*: "Munen Muso" significa a capacidade de agir com calma e naturalmente mesmo diante do perigo. É a harmonia máxima com a existência, o momento em que as palavras e os atos do homem são espontaneamente iguais.

³⁹ *Golpe das Folhas Vermelhas*: Musashi alude, possivelmente, às folhas mortas que caem das árvores.

⁴⁰ *Corpo de Macaco Chinês*: Macaco chinês significa, aqui, um macaco de braços curtos.

⁴¹ *Corpo de Cola e Laca*: O trabalho de laca, que tem seu nome derivado do Japão e é usada para revestir móveis e utensílios domésticos, obras de arquitetura, armamentos e armaduras.

⁴² *Há muitos inimigos*: Musashi é considerado o inventor do estilo das Duas Espadas. Sua escola é chamada às vezes de "Nito Ryu" (escola de duas espadas) e outras, de "Niten Ryu" (escola de dois céus). Ele deixou escrito que as duas espadas devem ser empregadas quando o inimigo é numeroso, mas as pessoas treinam com uma espada em cada mão como meio de conseguir vantagens práticas na esgrima. Ressalte-se que Musashi usava ainda a palavra "duas espadas" para indicar o uso de todos os recursos em combate. Ele próprio jamais

utilizou as duas espadas em luta com qualquer esgrimista habilidoso.

[43] *Tradição oral*: Outras escolas Kendo também possuem tradições orais paralelas aos ensinamentos transmitidos de maneira formal.

[44] *Um golpe*: Seja qual for o significado desta expressão, vale a pena notar a "Hitotsu Gachi" (uma vitória) da técnica Kiri Otoshi da escola Itto Ryu, em que um golpe representa ataque e defesa, abatendo a espada e o inimigo, e também a "Itachi no Tachi" (espada longa de um) do estilo xintoísta.

[45] *Espada de treinamento, feita de bambu*: Durante a história do Kendo, foram usadas diversas espadas de treinamento. Algumas eram feitas de bambu rachado coberto de pano ou couro de animais.

[46] *Armadura completa*: as palavras "Roku Gu" (seis peças) foram as escolhidas por Musashi. Este tipo de armadura tem elmo, máscara, proteção para o corpo, proteção para as coxas, proteção para as pernas e manoplas.

[47] *Kamiza*: É a residência do espírito ancestral da casa; o chefe da casa é quem se senta mais próximo do Kamiza, que é em geral uma pequena reentrância na parede contendo um pergaminho, uma armadura ou algum objeto de devoção religiosa.

[48] *Três Métodos para Surpreender o Inimigo*: O grande espadachim, como qualquer grande artista, terá dominado a técnica de surpreender o inimigo. O grande espadachim está sempre "adiante" do ambiente. E isso nada tem a ver com velocidade. Não há como derrotar um grande espadachim, pois no subconsciente ele interpreta a origem de toda ação real. Ainda se veem hoje, em treinamentos de Kendo, velhinhos maravilhosos golpeando lentamente os jovens campeões na cabeça com a maior tranquilidade. Isso

revela uma profunda capacidade de penetrar instantaneamente em qualquer situação.

[49] *Prender a Almofada*: Os samurais e as damas japonesas dormiam com a cabeça num pequeno travesseiro ou almofada de madeira cuja forma acompanhava a do corte do cabelo.

[50] *Soltar Quatro Mãos*: "Yotsu te o hanasu" — a expressão "Yotsu te" significa uma atuação em que os dois braços estão entrelaçados nos braços do inimigo, ou um "impasse". Ela é, ainda, usada para descrever versos, artefatos com os quatro cantos encaixados, como certas redes de pesca, e também uma peça do vestuário feminino formada por um quadrado de pano preso por trás sobre cada ombro e sob cada braço, com um nó no peito.

[51] *Corpo da Pedra*: Aparece no *Terao Ka Ki*, a crônica da casa de Terao. Certa vez, um senhor perguntou a Musashi: "O que é o 'Corpo da Pedra'?" Musashi respondeu: "Por favor, mande chamar meu discípulo Terao Ryuma Suke." Quando Terao apareceu, Musashi mandou que ele se matasse cortando o abdômen. No exato instante em que Terao estava prestes a iniciar o corte, Musashi o interrompeu e disse ao senhor: "Isto é o 'Corpo da Pedra'."

[52] *Futebolistas*: O futebol era um jogo de quadra no Japão antigo. Há uma referência a ele no *Genji Monogatari*.

[53] *Velho Pinheiro*: *KoMatsu Bushi*, antiga canção para flauta ou lira.

[54] *Portal*: Um aluno, ao se matricular numa escola, teria de passar pelo portal do Dafo. Entrar no portal de um mestre significava iniciar os estudos.

Sobre o autor

Nascido em 1584, Miyamoto Musashi estava destinado a se tornar um dos mais famosos guerreiros do Japão. Musashi foi um samurai e, com trinta anos de idade, já participara de mais de sessenta combates, vencendo todos e matando seus adversários um a um. Certo de sua invencibilidade, Musashi resolveu deixar registrada a sua filosofia, "o Caminho da Espada". Para isso, escreveu o livro ao qual denominou *O Livro de Cinco Anéis (Go Rin No Sho)* enquanto residiu numa caverna nas montanhas de Kyushu, poucas semanas antes de sua morte, em 1645.

O Livro de Cinco Anéis é imprescindível em toda bibliografia de artes marciais, porém a filosofia que o rege, influenciada pelo Zen, pelo xintoísmo e pelo confucionismo, pode ser aplicada a diversos outros setores da vida além das artes marciais. Por exemplo: muitos industriais e homens de negócios do Japão moderno a utilizam em sua vida profissional, inclusive dirigindo campanhas de vendas como se fossem operações militares, com a mesma energia que motivava Musashi.

Musashi é conhecido pelos japoneses como *Kensei,* ou "Santo da Espada". Embora sua vida possa dar aos ocidentais a impressão de um homem cruel e impiedoso, Musashi esforçou-se inabalavelmente por atingir um ideal honesto, cuja verdade é transparente em *O Livro de Cinco Anéis.* Seu livro não apresenta uma tese sobre estratégias de luta, e sim, nas suas próprias palavras, "uma orientação para os homens que desejam aprender estratégia"; e como orientação, como guia, seu conteúdo está sempre um pouco adiante da nossa compreensão imediata.

Conheça os títulos da
Coleção Clássicos para Todos

A Abadia de Northanger – Jane Austen
A arte da guerra – Sun Tzu
A revolução dos bichos – George Orwell
Alexandre e César – Plutarco
Antologia poética – Fernando Pessoa
Apologia de Sócrates – Platão
Auto da Compadecida – Ariano Suassuna
Como manter a calma – Sêneca
Do contrato social – Jean-Jacques Rousseau
Dom Casmurro – Machado de Assis
Feliz Ano Novo – Rubem Fonseca
Frankenstein ou o Prometeu moderno – Mary Shelley
Hamlet – William Shakespeare
Manifesto do Partido Comunista – Karl Marx e Friedrich Engels
Memórias de um sargento de milícias – Manuel Antônio de Almeida
Notas do subsolo & O grande inquisidor – Fiódor Dostoiévski
O albatroz azul – João Ubaldo Ribeiro
O anticristo – Friedrich Nietzsche
O Bem-Amado – Dias Gomes
O livro de cinco anéis – Miyamoto Musashi
O pagador de promessas – Dias Gomes
O Pequeno Príncipe – Antoine de Saint-Exupéry
O príncipe – Nicolau Maquiavel
Poemas escolhidos – Ferreira Gullar
Rei Édipo & Antígona – Sófocles
Romeu e Julieta – William Shakespeare
Sonetos – Camões
Triste fim de Policarpo Quaresma – Lima Barreto
Um teto todo seu – Virginia Woolf
Vestido de noiva – Nelson Rodrigues

DIREÇÃO EDITORIAL
Daniele Cajueiro

EDITORA RESPONSÁVEL
Ana Carla Sousa

PRODUÇÃO EDITORIAL
Adriana Torres
Luana Luz de Freitas
Júlia Ribeiro
Laiane Flores
Mariana Lucena

REVISÃO
Rachel Rimas
Roberto Jannarelli
Vanessa Dias

CAPA
Sérgio Campante

DIAGRAMAÇÃO
DTPhoenix Editorial
Filigrana

Este livro foi impresso em 2022
para a Nova Fronteira.